BOTANDO A CASA EM ORDEM

MAX SUSSOL

BOTANDO A CASA EM ORDEM

DICAS DE ORGANIZAÇÃO, LIMPEZA E CUIDADOS

MATRIX

Direitos em língua portuguesa para o Brasil:
Matrix Editora - Tel. (11) 3873-2062
atendimento@matrixeditora.com.br
www.matrixeditora.com.br

Diretor Editorial:
Paulo Tadeu

Capa:
Marcela Nascimento Meggiolaro

Diagramação:
Fernanda Kalckmann

Preparação de texto:
Estela Fuks

Revisão:
Rafael Faber Fernandes
Adriana Parra

Dados Internacionais de Catalogação na Publicação (CIP)
SINDICATO NACIONAL DOS EDITORES DE LIVROS, RJ.

Sussol, Max
Botando a casa em ordem : dicas de organização, limpeza e cuidados / Max Sussol. - São Paulo : Matrix, 2010.

1. Limpeza e arrumação doméstica. I. Título.

10-1737. CDD: 648.5
CDU: 648.5

APRESENTAÇÃO

Consultando alguns antigos almanaques e outras publicações, além de diversos sites na internet, observei ótimas dicas e truques domésticos e logo pensei que eles também poderiam ser úteis a todos aqueles que cuidam de suas casas.

Embora a maioria já fosse cópia de outras dicas publicadas anteriormente, com ligeiras modificações ou adaptações (já que nossas titias e avós tinham uma forma diferente de se expressar), selecionei as melhores, traduzi as mais curiosas, adaptei outras e aqui está um livro cuja diversificação e utilidade espero que agrade a todos.

Agradeço, portanto, a todas as minhas selecionadas colaboradoras, diretas ou indiretas, que, através dos tempos, se deram ao trabalho de contar estes segredinhos domésticos com a finalidade de ensinar e aliviar o trabalho das demais pessoas que têm uma casa para cuidar, limpar e organizar.

SUMÁRIO

CASA

LIMPEZA

Antes de começar a limpeza de sua casa, escolha músicas que lhe agradem. Uma trilha sonora alegre deixa o trabalho bem mais agradável.

A cada mês, no máximo, faça uma boa faxina em sua casa.

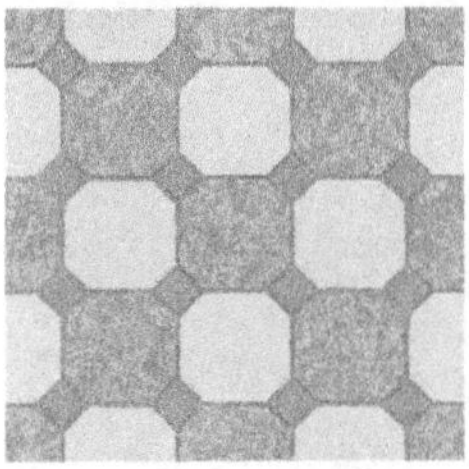

Azulejos

Limpe os azulejos de cima para baixo com produtos de limpeza diluídos em água. Esse revestimento necessita de um cuidado mensal para evitar que a sujeira se acumule. Porém, as paredes de azulejos próximo ao fogão devem ser limpas diariamente.

Cortinas

Lave as cortinas coloridas em uma bacia com água e algumas gotas de vinagre branco ou de amoníaco, pois isso impede que o tecido mude de cor. Em seguida, esfregue as cortinas com água e sabão. Depois, é só enxaguar.

Para limpar as cortinas, encha o tanque e coloque um pouco de sal fino. Deixe de molho por meia hora. Em seguida, lave com água fria.

As cortinas brancas de tecidos sintéticos ficam bem mais limpas se você colocar 2 colheres (sopa) de amoníaco na lavadora de roupas.

As cortinas brancas ficarão mais limpas se você:

- colocar junto com o sabão em pó 3 colheres (sopa) de fermento;
- misturar à água um bom punhado de sal e 3 limões descascados.

Espelhos

Limpe os espelhos com água. Depois de secarem, esfregue álcool e, por último, lustre com um papel de seda fino.

Outra opção é passar uma folha de jornal molhada com algumas gotas de álcool.

Lave o espelho no sentido vertical, seque-o horizontalmente e, ao polir, faça-o verticalmente.

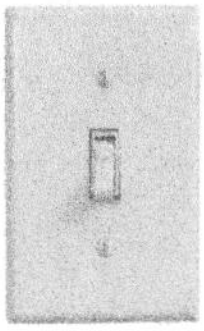

Interruptores

Passe um pincel para eliminar o pó que se acumula nas frestas. Depois, esfregue um algodão molhado em água e um pouco de detergente.

Janelas

Para limpar as janelas, utilize uma mistura de 1/2 xícara de álcool, 2 xícaras de água e 1 colher (sopa) de amoníaco. Coloque luvas e aplique a solução com um pano.

Para limpar as janelas e esquadrias de alumínio, passe, mensalmente, uma mistura de óleo de cozinha e álcool, em partes iguais. Em seguida, é só passar um pano macio ou flanela.

Lâmpadas

Limpe as lâmpadas com um pano umedecido em amoníaco ou álcool. Atenção: a lâmpada deve estar fria, para não rachar.

Maçanetas

Para dar brilho às maçanetas cromadas, limpe-as com um pano molhado em vinagre branco. Depois, passe uma flanela para secá-las completamente.

Para limpá-las cromadas, use um pano molhado com água quente e algumas gotas de amoníaco.

Móveis

Para limpar móveis, portas e janelas de madeira, você pode preparar uma solução com 2 colheres (sopa) de suco de limão e 2 colheres (sopa) de azeite de oliva. Aplique com um pano macio.

Limpe os móveis que têm relevo com uma escova de dentes ou pincel, que permitem o acesso aos espaços mais difíceis.

Para dar brilho aos móveis, passe um pano com talco.

Para tirar a cera de um móvel de madeira, espere que ela esteja seca e dura. Com um secador de cabelos, amoleça a cera e, em seguida, passe um papel absorvente. Para finalizar, utilize um pano molhado em água com vinagre.

Quando não tiver óleo de peroba em casa, aplique nos móveis um creme composto por 2 partes de azeite, 4 de vinagre e 3 de aguarrás. Aplique a solução com um algodão e deixe que ela penetre bem para depois secar com um pano de lã.

Para limpar móveis envernizados, comece removendo a poeira grossa com um espanador, para não arranhar. Em seguida, passe um pano limpo e, para dar brilho, passe um pano umedecido com lustra-móveis. Para polir, use uma flanela.

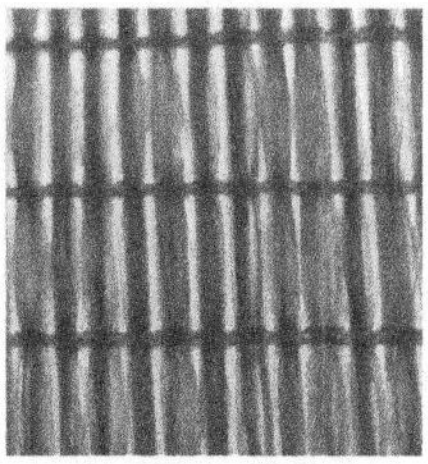

Móveis de bambu

Lave móveis de bambu com suco de limão.
Para conservar melhor esses móveis, limpe-os de vez em quando com uma escova molhada em água e sal. Seque o bambu com uma esponja umedecida com óleo de linhaça e passe uma flanela para dar brilho.

Móveis de cana-da-índia

Para limpar móveis de cana-da-índia, passe uma flanela úmida e, depois, lustra-móveis.

Móveis de carvalho

Para limpar móveis de carvalho, utilize cerveja quente.

Móveis de fórmica

Para limpar móveis de fórmica, esfregue um pano com álcool e, em seguida, dê brilho com uma flanela limpa e seca.
Você também pode utilizar um pano molhado em cerveja.

Móveis forrados

Para tirar o pó de móveis forrados com veludo ou pelúcia, esfregue-os com um pedaço de camurça limpa e molhada em água fria e depois torcida.

Móveis laqueados

Para limpar móveis laqueados, use uma esponja

molhada em água misturada com um pouco de amoníaco. Para dar brilho, utilize uma flanela limpa e seca.

Para os móveis pintados de branco ficarem limpos e sem manchas, esfregue-os com leite ou com uma solução preparada com leite e água.

Móveis de madeira escura

Para limpar e dar brilho aos móveis de madeira escura, dilua algumas gotas de vinho tinto no azeite de oliva. Passe a mistura com um pano sobre os móveis. Em seguida, para dar brilho, esfregue vigorosamente com um pano seco e macio.

Móveis de vime

Nunca use sabão para limpar móveis de vime, use água quente misturada com bicarbonato de sódio. Em seguida, lave com água pura e deixe as peças secarem ao sol.

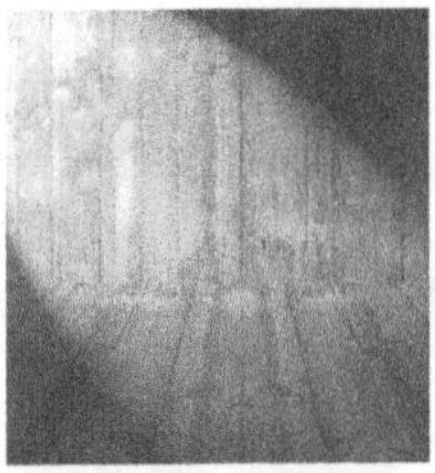

Paredes

Para limpar paredes mofadas, prepare uma mistura de água e água sanitária, na proporção de 1 para 1. Lave a parede com essa solução. Depois, é só enxaguar com um pano úmido e esperar secar.

Persianas

Lave cada lâmina de ambos os lados com uma esponja umedecida em água fria e seque com cuidado.

Para obter uma limpeza eficiente, feche as persianas, limpe o pó, feche para o lado contrário e limpe novamente.

Umedeça um pincel limpo e macio para remover o pó..

Piso de cerâmica

Para limpar pisos de cerâmica, misture, em um balde, 3,5 litros de água, 3/4 de xícara de vinagre branco e 1/2 xícara de amoníaco.

Para que o piso de cerâmica fique sempre brilhante, passe detergente e, depois, uma solução de água com um pouco de vinagre.

Se preferir, adicione um pouco de amaciante de roupas à água com a qual você irá lavar o piso.

Piso de cimento

De tempos em tempos, passe uma demão de óleo de linhaça sobre o piso de cimento.

Piso de madeira

Para facilitar o trabalho de passar cera no chão, a dica é diluir um pouco de querosene na cera (não faça isso perto do fogo, cigarro etc.). Pegue uma vassoura que esteja com o pelo gasto e uma flanela bem acolchoada. Molhe essa flanela na mistura e passe no chão, com ajuda da vassoura. Espalhe rapidamente a cera por todo o assoalho.

Jamais encere o assoalho sem antes passar uma solução de água e inseticida, que absorverá o pó e afugentará pulga e baratas, além de evitar manchas na madeira.

Se o taco de sua casa está muito gasto e perdeu quase todo o brilho, recupere-o aplicando uma mistura de álcool e óleo de linhaça em partes iguais. Deixe que atue sobre os tacos e retire o excesso do produto com um pano.

Piso de tijolinho ou de barro

Se o seu piso for de tijolinho ou de barro e começar a branquear, você poderá recuperar a cor original limpando toda a superfície com água e vinagre, pois as manchas brancas originadas pela cal da água desaparecerão depois de alguns dias.

Portas

Ao redor das fechaduras, geralmente acumula-se uma sujeira escura e difícil de ser eliminada. Para limpar essa região, use um pano impregnado com farinha e umedecido com água fria e um pouco de sabão. Esfregue a mancha e enxágue.

Tapetes e carpetes

Para limpar os tapetes de forma ecológica e barata, polvilhe bastante bicarbonato de sódio e deixe agir por 15 minutos. Depois, é só passar o aspirador de pó.

Nunca sacuda o tapete apenas segurando-o pelas pontas. Quando for pendurá-lo para bater, faça-o sobre uma superfície cilíndrica, como um varão, e não sobre uma corda ou varal, para não criar vinco.

Os tapetes de fibras vegetais absorvem muito pó. Para evitar isso e o surgimento de possíveis manchas, dissolva algumas colheres de sal no leite. Molhe um pano na mistura e esfregue no tapete. Antes de recolocar os tapetes no lugar, deixe-os secar em um local fresco e ventilado.

Lave os tapetes de lã, se as instruções da etiqueta permitirem, com detergente suave e, na última lavagem, acrescente um pouco de vinagre na água.

A lavagem de tapetes orientais e daqueles confeccionados artesanalmente deve ser feita, de preferência, em lavanderias especializadas.

Para lavar um tapete, primeiro passe o aspirador de pó. Em seguida, umedeça totalmente a superfície do tapete e depois aplique uma solução de água com sabão em pó ou detergente. Escove a superfície no sentido do pelo, utilizando escovas de cerdas macias. Não deixe o tapete de molho. Retire todos os resíduos de sabão do tapete, para depois eliminar toda a umidade. Para secar, coloque o tapete em posição horizontal e com a superfície voltada para cima. No caso de tapetes antiderrapantes, com base emborrachada, esta não deve ficar exposta ao sol. Se pendurar o tapete, não use varal; faça-o de modo que não possa vincar. Só coloque o tapete de volta no lugar depois de totalmente seco.

Tapete de sisal

O sisal é uma fibra natural e resistente, mas não suporta bem a umidade. Se precisar limpar alguma substância que houver caído sobre ele, remova o excesso, sem fazer pressão ou esfregar. Depois, passe um pano umedecido com um produto de limpeza suave, sem cloro. Logo em seguida, use um secador de cabelo. Se preferir, mande impermeabilizar seu tapete. Passe o aspirador de pó apenas uma vez por semana, para evitar a descoloração e o desgaste natural da trama. Como o sisal mancha e embolora facilmente, quando for indispensável lavá-lo, recorra a uma empresa especializada.

Uma vez por semana, passe o aspirador de pó nos tapetes, no sentido paralelo à trama, sempre com o bocal liso ou com cerdas macias, para não agredir as fibras. Vassouras com cerdas de fibras sintéticas macias também podem ser utilizadas. Não use limpadores a vapor nem escovas de cerdas duras, pois as fibras do tapete podem ser danificadas.

Para realizar uma limpeza de emergência, procure não espalhar a sujeira de seu tapete. Se ela for sólida, utilize o aspirador de pó, sem esfregar. Se for líquida, coloque papel absorvente em ambos os lados do tapete. Com um pano limpo e umedecido com água morna, pressione o tapete para que o líquido passe para o pano. Repita essa operação várias vezes, até a completa absorção. Em caso de manchas, utilize sabão neutro, esfregando levemente o local afetado, sempre com um pano umedecido, ou mande o tapete para uma lavanderia especializada.

Teto

Para tirar a sujeira mais resistente do teto e das paredes da cozinha, molhe um pano com aguarrás e faça a limpeza. Mantenha a janela aberta e as bocas do fogão desligadas, pois a aguarrás é um produto inflamável.

Os forros de gesso nunca devem ser molhados, pois o contato com a água faz com que o gesso se decomponha.

O bolor no teto dos banheiros e da cozinha é causado pela umidade do banho e pelo preparo das refeições. Para evitá-lo, mantenha as janelas abertas durante e após o uso do ambiente. Para remover essas manchas, no caso de seu aparecimento, utilize água sanitária. Recomenda-se que os forros dos banheiros sejam repintados anualmente com tinta acrílica.

Torneiras

Para que as torneiras fiquem limpas e brilhantes, aplique com uma esponja ou flanela macia um pouco de creme dental e deixe secar. Depois, passe uma flanela limpa para polir.

Uma escova de dentes com detergente, amoníaco ou sabão é ideal para remover a sujeira em volta das torneiras e canoplas. Esfregue e enxágue.

Vidros

Lave os vidros normalmente e, para enxugar, use folhas de jornal.

Para remover sujeira de moscas, utilize um pano encharcado em água oxigenada ou vinagre.

Muitas vezes, após limpar os vidros das janelas, ainda permanecem algumas marcas; por isso, depois que estiverem limpos e secos, passe uma meia fina neles.

Para seus vidros e cristais ficarem limpos e brilhantes, comece lavando-os com água e sabão. Depois de bem enxutos, passe água com vinagre.

Não limpe vidros nem cristais no sol, para evitar manchas.

A maioria dos produtos industrializados destinados à limpeza de vidros e cristais contém entre 40% e 50% de dissolventes e conservantes. Para utilizá-los, afaste-se no momento de vaporizar e evite respirar suas emanações; além disso, mantenha-os fora do alcance de crianças. Você pode substituir esses produtos por uma solução caseira: misture 1/3 de vinagre e 2/3 de água e esquente um pouco essa solução. Depois, molhe um pano e passe sobre os vidros e cristais.

Limpe o vidro interior horizontalmente e o exterior verticalmente, pois assim será mais fácil detectar eventuais manchas.

DICAS

Cortinas de rolo

Se sua cortina não está enrolando, remova-a do suporte. Enrole-a com a mão, recoloque-a no suporte e puxe-a para baixo, em todo o seu comprimento; repita a operação algumas vezes. Esse movimento ajuda a carregar a mola, caso ela não esteja quebrada.

Decoração

Compre objetos de decoração fabricados à mão. Eles têm um charme especial, pois foram feitos com alma.

Kit de limpeza

Organize um kit de limpeza que contenha todos os produtos e materiais necessários para limpar cada cômodo. Armazene tudo em um balde plástico ou em um cesto que possa ser carregado facilmente de um ambiente a outro.

Para sua segurança, nunca misture produtos de limpeza.

Lâmpadas

Para trocar uma lâmpada queimada, primeiro envolva-a num saco de papel, pois, se ela trincar, o saco protegerá seus dedos.

Para recolher os cacos de vidro de uma lâmpada do chão, molhe uma folha de jornal, um chumaço de algodão ou um guardanapo e passe sobre os cacos ou utilize uma bola feita com miolo de pão.

Móveis

Para mover um móvel pesado sem riscar o chão é necessário colocar um calço bem grosso de lona ou algodão em cada um dos pés do móvel. Depois, é só arrastar.

Para evitar que os móveis percam o brilho quando expostos diretamente ao sol, aplique uma mistura em partes iguais de linhaça, álcool e limão.

Nunca coloque panos molhados, garrafas, baldes ou esfregões em cima dos móveis, para evitar que eles fiquem manchados.

Para disfarçar arranhões em seus móveis, esfregue um dente de alho, deixe secar e, depois, passe uma lixa fina. Outra opção é aplicar sobre os arranhões uma camada de esmalte transparente.

Móveis de metal

Os móveis de metal requerem poucos cuidados, mas é necessário evitar o aparecimento de manchas. Se o móvel já estiver manchado, passe um pano umedecido em aguarrás. Se as manchas forem de óxido, cubra-as com uma mistura de sal e suco de limão e deixe que ela atue por alguns minutos.

Persianas

Para proteger persianas contra sujeira, utilize cera para carro, pois ela tem a propriedade de impedir o acúmulo de resíduos gordurosos.

Tapetes e carpetes

Coloque um tapete dentro e outro fora da entrada de sua casa para reduzir a quantidade de pó acumulada nos sapatos.

Para guardar seus tapetes e eles não esgarçarem, cubra-os com folhas de jornal e enrole-os. Depois, embrulhe-os também com jornal.

Para que as pontas de um tapete não fiquem dobradas para cima, prenda um peso metálico em cada uma delas.

Para pentear tapetes e suas franjas, utilize uma escova para cabelos ou um pente, escovando sempre do centro para as pontas.

Para retirar a marca deixada por um móvel sobre o tapete, umedeça o local com um pano molhado. Depois, passe o ferro quente e escove.

Mude sempre a posição dos tapetes para haver um equilíbrio no desgaste. Repita essa operação pelo menos uma vez a cada seis meses.

Para remover ou guardar tapetes artesanais, enrole-os no sentido do comprimento.

Para proporcionar melhor aderência ao chão e evitar quedas e escorregões, além de proteger contra a umidade, recomenda-se o uso de tela de látex antiderrapante.

Os tapetes artesanais podem ser impermeabilizados. O procedimento é indicado para proteger as fibras do tapete contra líquidos, umidade, fungos e mofo, além de possibilitar que a sujeira seja removida mais facilmente durante a lavagem. A impermeabilização deve ser refeita sempre que o tapete for lavado. Os produtos impermeabilizantes somente minimizam os efeitos de possíveis líquidos derramados, sem proteger os tapetes contra urina de animais, molhos, gorduras e substâncias ácidas.

Para reavivar as cores de um tapete, passe uma esponja com água e amoníaco. Use 1 colher (sopa) de amoníaco para 1 litro de água.

Para disfarçar queimaduras de cigarro em tapetes, faça o seguinte: corte os pelos que sobraram em volta com uma tesourinha ou tire-os com uma pinça, despeje duas gotas de cola por cima e recoloque os fiapos que retirou. Deixe um peso em cima por um tempo. Ao tirar o peso, quase ninguém perceberá o estrago.

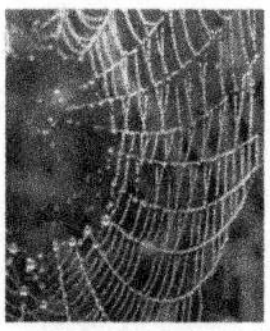

Teia de aranha

Para limpar teias de aranha, use um pano limpo levemente umedecido ao redor de uma vassoura.

Teto

Nunca fixe ganchos ou suportes para pendurar vasos ou qualquer outro objeto em forros de gesso, pois eles não foram projetados para suportar peso e podem se quebrar facilmente.

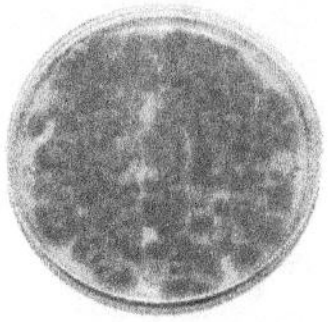

Umidade

Para reter a umidade em ambientes fechados, utilize sílica-gel e cloreto de cálcio, que evitam mofo e fungos, os quais favorecem o aparecimento de traças e mau cheiro, por sua vez, provocam danos em documentos.

Vidros

Se você tem vasos em suas janelas, cubra-os com um plástico quando chover para evitar que a chuva salpique o vidro com terra.

SALA

LIMPEZA

Para eliminar o pó, utilize um pano de algodão limpo e úmido. Para umedecer o pano, segure-o por um dos cantos e borrife-o com água. O pano deve ficar úmido o suficiente para limpar o pó, sem deixar água na mobília.

Primeiro, limpe o pó e deixe que ele caia no chão para depois passar o aspirador. Tome cuidado para não sugar pequenos objetos.

Para limpar estantes, primeiro tire o pó dos objetos e, em seguida, das prateleiras. Comece pelo topo e siga para baixo.

Abajures

Para limpar cúpulas de tecido, aspire-as semanalmente com uma pequena escova na ponta do aspirador de pó. Se a cúpula estiver escurecida, passe um pouco de talco, deixe-o agir por alguns minutos e, depois, escove suavemente.

Alabastro

Para limpar objetos de alabastro, use uma esponja vegetal umedecida com aguarrás. Depois, lave a peça em água morna. Passe uma cera incolor para criar uma camada protetora no objeto.

Para recuperar a cor das peças de alabastro, lave-as com água e sabão.

Almofadas

Para evitar o acúmulo de ácaros nas almofadas, lave-as em uma solução de água com algumas gotas de amoníaco ou vinagre.

Para livrar as almofadas do mofo, coloque-as no sol e escove bem. Se o mofo não sair, prepare uma pasta com suco de limão e sal, passe na mancha e leve ao sol por alguns minutos. Depois, lave com água e sabão. Só utilize essa pasta se o tecido for de cor firme.

Castiçais

Para tirar com mais facilidade a cera dos castiçais, coloque-os na geladeira por 1 hora.

Para limpar castiçais de prata manchados de cera, utilize água quente com sabão ou amoníaco.

Para limpar candelabros e castiçais de prata, mergulhe-os por 30 minutos na água em que cozinhou batatas. Depois, enxágue-os com água e deixe secar.

Lareira

Se sua lareira tem azulejos ou ladrilhos, esfregue-os com um punhado de cinza sob uma esponja úmida.

Para que os tijolos da lareira conservem seu tom avermelhado, pincele-os regularmente com azeite de cozinha.

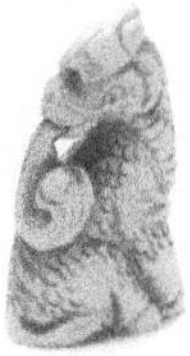

Marfim

Para limpar objetos de marfim amarelados, use um pano umedecido com álcool.

Porta-retratos

Para limpar os vidros dos porta-retratos, utilize um pano molhado com uma solução de água e vinagre.

Quadros

Para limpar molduras de quadros, passe uma flanela ou pincel macio para retirar a poeira. Em seguida, passe um pano umedecido com querosene.

Para prevenir o ataque de traças e cupins, passe querosene na parte de trás do quadro uma vez por ano.

Para limpar um quadro protegido por vidro, comece pela parte de cima da moldura, vá para os lados e para o fundo. Para limpar o vidro, umedeça o pano com o produto de limpar vidros – nunca borrife diretamente o vidro, para prevenir que o líquido escorra, entre por debaixo do vidro e danifique o quadro.

Para limpar tanto quadros pintados a óleo como molduras douradas, utilize um pouco de azeite.

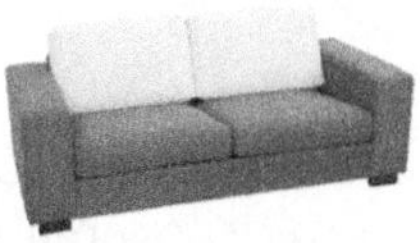

Sofás

Para remover pelos dos tecidos de sofás, utilize fita adesiva. Enrole-a nos dedos e depois pressione-os contra o tecido, recolhendo-os até o fim. Você pode precisar de vários pedaços de fita adesiva para completar a tarefa.

Sofás de couro

Para limpar sofás e poltronas de couro, utilize um pedaço de camurça umedecido com água.

Para limpar sofás de couro branco, use uma bucha vegetal, ou de espuma, com sabonete neutro. Em seguida, hidrate o couro utilizando uma mistura de leite e água em partes iguais. Nunca use óleos, pois o couro precisa respirar.

Para limpar sofás de couro sintético, utilize um pano úmido com água quente e um pouco de amoníaco.

Telefone

Para limpar aparelhos telefônicos, use um pano umedecido com álcool.

Televisão

Nunca utilize produtos químicos para limpeza de televisores ou monitores de plasma ou LCD. O ideal é passar um pano macio seco para tirar o pó ou, para eliminar manchas, um pano levemente umedecido com água.

Faça a limpeza com o aparelho desligado.

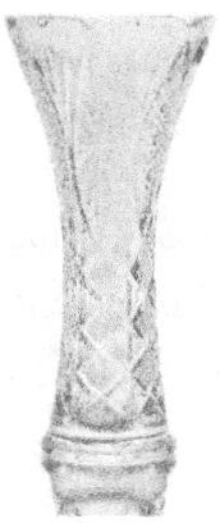

Vasos

Para eliminar a opacidade dos vasos de cristal, prepare uma mistura de água com amido de milho e esfregue durante alguns minutos com uma flanela, suavemente. Em seguida, seque com um pano de algodão. Repita a operação se necessário.

CUIDADOS

Almofadas

Para reavivar as cores das almofadas, passe uma esponja com água e amoníaco (1 colher (sopa) de amoníaco para 1 litro de água).

Aquecedores elétricos ou a gás

Mantenha aquecedores afastados de cortinas e persianas.

Mantenha sempre uma panela cheia de água próximo a aquecedores, pois eles geralmente ressecam muito o ambiente, o que é prejudicial à saúde, faz mal à pele e irrita as mucosas. Além disso, o ar úmido é mais quente. Se preferir, coloque um pano úmido sobre o aparelho.

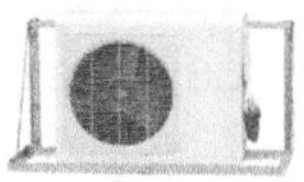

Ar-condicionado

Para amenizar problemas alérgicos e respiratórios, além de evitar o uso indiscriminado do ar-condicionado, procure submetê-lo à manutenção preventiva (uma vez por ano) e à limpeza dos filtros (duas vezes por semana).

Não baixe muito a temperatura: com 23 °C a 26 °C é possível obter um ambiente agradável.

Nunca direcione a saída do ar frio sobre as pessoas.

Limpe o aparelho com frequência para evitar o acúmulo de pó.

Cadeiras de palha

Para evitar que a palha fique amarelada, esfregue-a com um pano molhado em água salgada.

Cinzeiros

Para que a cinza dos cigarros não grude nos cinzeiros, aplique um pouco de lustra-móveis.

Cristais

Para colar cristais quebrados, prepare uma pasta bem grossa de clara de ovo e cal.

Flores

Para preservar a vida de suas flores, coloque um pouco de bicarbonato de sódio ou de bórax na água do vaso.

Coloque uma moeda de cobre na água do vaso com flores para mantê-la mais fresca.

Para que as flores vivam mais tempo, pingue algumas gotas de amoníaco na água.

Para que as rosas vivam mais tempo, corte um pedacinho de seus talos ou junte uma aspirina e um pouco de açúcar à água do vaso.

Arranque as folhas moles das flores para que elas não caiam dentro do vaso e apodreçam.

Para manter o bom aspecto das flores, mantenha alguns ramos de hera incorporados à floreira.

Gravuras

Para eliminar o fungo e o bolor das gravuras, esfregue toda a superfície delas com miolo de pão.

Quadros

Para reavivar a luminosidade das cores de um quadro antigo, esfregue levemente a tela com rodelas de batata crua.

Lareira

Quando fizer a limpeza da lareira, deixe um pouco de cinza, pois isso irá facilitar na hora de acender o fogo. Para testar se a chaminé puxa bem a fumaça, queime algumas folhas de jornal antes de acender a lenha.

Não coloque tapetes em frente à lareira e utilize sempre uma tela protetora.

Se você não tem o fole para avivar as chamas da lareira, use uma bomba de ar para bicicletas.

Para reduzir a fumaça, jogue um pouco de sal sobre a lenha que está queimando.

Se você quiser que a lareira esquente e perfume a casa, junte à lenha alguns raminhos de tomilho, lavanda, cascas de laranja, limão e pinhas.

Para avivar rapidamente o fogo à base de carvão, utilize folhas ou rolhas velhas.

Para acender o fogo, forme com três ou quatro gravetos uma espécie de cabana de índio, de forma cônica, colocando por baixo dela folhas de jornal enrugadas e algumas pinhas ou lascas de madeira para atiçarem o fogo.

Sofás de couro

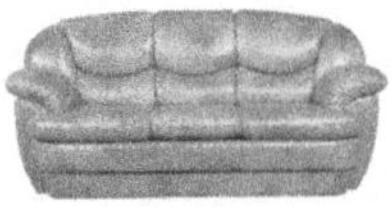

Para prevenir rachaduras em sofás e poltronas de couro, mantenha-os longe do sol.

Para livrar os poros de sofás e poltronas de couro e lhes conferir a umidade necessária, limpe-os com um pedaço de camurça e água morna, cerca de duas ou três vezes ao ano.

Para evitar o desgaste de sofás de couro, passe regularmente uma demão de vaselina ou lanolina, deixando o produto penetrar profundamente no couro.

Sofás de tecido

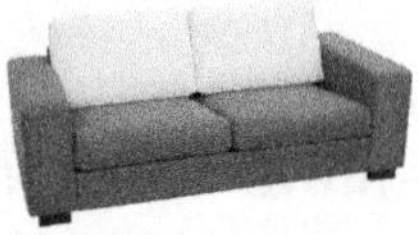

Para eliminar o brilho que aparece na tapeçaria do sofá, esfregue um pano umedecido com água e vinagre branco.

COZINHA

ALIMENTOS E BEBIDAS

Água

Evite utilizar água quente da torneira para preparar uma comida ou bebida instantânea, pois as altas temperaturas favorecem a proliferação de bactérias. É mais saudável usar água fria e esquentá-la.
Para acelerar o ponto de ebulição da água, junte uma pitada de sal ao colocá-la para ferver.

Arroz

Se o arroz queimar, não raspe o fundo da panela – coloque-a dentro de uma vasilha com água fria e tampe a panela. Passado algum tempo, retire o arroz, com cuidado para não raspar o fundo da panela.

Azeite, óleo

Os azeites de oliva e de amendoim são os mais indicados para altas temperaturas.
Evite reaproveitar óleo e azeite, assim você não mistura odores e deixa os alimentos saborosos e crocantes.
Para coar o óleo usado em frituras, utilize filtro de papel para café.

Bebida

Para o vinho e a cerveja ficarem mais gelados, deixe os copos dentro da geladeira e só retire quando for servir a bebida.

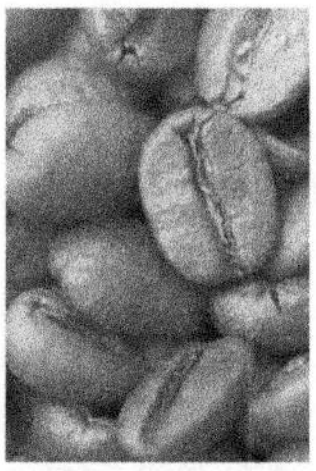

Café

Depois de abrir o pacote de café, guarde-o na geladeira para conservar melhor o aroma.
Em caso de necessidade, use um par de guardanapos de papel para substituir o filtro da cafeteira elétrica.

Para que o café mantenha-se aquecido por mais tempo, despeje um pouco de água bem quente na garrafa térmica antes de colocar o café.

Chantili

Para bater chantili, utilize creme de leite bem gelado e só acrescente o açúcar após o creme adquirir consistência.

Para fazer um chantili perfeito, bata 1/2 porção de creme de leite gordo e 1/2 porção de creme de leite magro, com açúcar levemente caramelado. Se bater demais, adicione leite ou iogurte para readquirir a consistência certa.

Chocolate

Para ralar chocolate em barra, use um descascador de batatas ou cenouras. Assim você também terá tiras para decorar suas receitas.

Congelados

Não compre peixes ou produtos congelados se houver gelo acumulado nas paredes do freezer, pois isso significa que existe uma diminuição de sua capacidade de conservação.

Não mantenha alimentos expostos a temperaturas superiores a 18 °C. A formação de "neve" ou de uma espécie de molho em suas embalagens indica que os produtos sofreram alguma perda de temperatura.

Ao adquirir produtos congelados, deixe para pegá-los no momento final de suas compras, pois assim eles suportarão melhor a viagem até sua geladeira. Se o trajeto for muito longo, leve uma caixa de isopor para acondicioná-los.

Evite produtos cuja embalagem apresente furos ou rasgos, mesmo que ainda estejam dentro do prazo de validade.

Um alimento descongelado pode ficar tóxico se for congelado novamente. Para controlar o que acontece em sua geladeira, coloque um saquinho plástico com duas ou três pedrinhas de gelo dentro – se faltar luz, a forma das pedras mudará e você saberá se faltou luz ou se a geladeira está falhando por outra razão.

Para ter maior controle sobre os alimentos congelados, coloque uma etiqueta informando a data de congelamento.

Antes de congelar os alimentos em sacos plásticos, tire todo o ar possível. Para isso, coloque um canudo dentro do saco e sugue todo o ar que ainda sobrar nele. Depois, feche-o bem.

Forno

Ligue o forno 15 ou 20 minutos antes de colocar qualquer alimento para assar. Só coloque algo no forno frio se a receita pedir.

O sucesso na preparação de uma receita depende muito da temperatura do forno. Por isso, atente às denominações usuais:

- baixo, lento ou brando: 160 °C;
- esperto, regular ou normal: 180 °C;
- quente: 200 °C;
- bem quente ou forte: 240 °C;
- morto ou arrefecido: depois de apagado.

Frituras

Para obter uma fritura rápida e homogênea, aguarde o total aquecimento do óleo antes de iniciar o preparo.

Coloque os alimentos na cesta de fritura antes de colocá-la na frigideira.

Para fritar alimentos como batata chips ou palha, lave-os em água fria, para soltá-los. Depois, seque-os cuidadosamente com papel toalha e frite-os.

Se o óleo ou o azeite pegarem fogo na frigideira, desligue o fogo e, em seguida, cubra a frigideira com uma tampa grande. Se você não tiver uma tampa grande à mão, cubra-a com outra frigideira maior. Nunca jogue água, senão o azeite transborda.

Nunca misture tipos diferentes de azeite ou azeite com gordura vegetal, pois isso altera o sabor das frituras.

As temperaturas do óleo ou do azeite devem ser as seguintes:

- moderadamente quente: para fritar alimentos que soltam água e que devem cozinhar primeiro por dentro e ficar dourados por fora;
- quente: para alimentos que já tenham sido cozidos ou fritos anteriormente e que se deseja apenas dourar;
- muito quente: para alimentos pequenos como batatas chips e pescados, que fritam em poucos segundos.

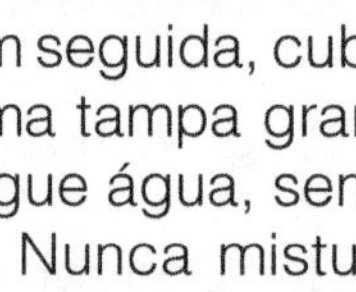

Frutas e vegetais

Para remover sujeira, cera ou resíduos de pesticidas de frutas e vegetais, borrife bicarbonato de sódio numa esponja umedecida e esfregue os alimentos. Depois, é só enxaguar.

Geladeira

Ao chegar em casa com suas compras, guarde em primeiro lugar os produtos que vão à geladeira. O ideal é separá-los já no supermercado; isso facilita o trabalho e você só precisará abri-la uma vez.

Conserve na geladeira os vegetais inteiros, pois assim eles terão maior duração.

Para evitar a contaminação dos alimentos na geladeira, lave frutas, verduras e legumes em água corrente e, em seguida, seque-os em papel toalha para não estragarem. Guarde esses alimentos em embalagens próprias.

Grãos

Para evitar o surgimento de insetos e de bolor nos grãos guardados por muito tempo, coloque entre eles um dente de alho com casca.

Para evitar o surgimento de carunchos na farinha, coloque um chiclete novo, fora da embalagem, dentro do pote.

Lata

Para retirar um produto frágil (aspargos em conserva, por exemplo) de dentro de uma lata, às vezes é aconselhável abrir o fundo em vez da tampa, para evitar que o alimento se rompa. No caso de produtos compactados, como os patês, é mais adequado abrir tanto a tampa como o fundo, para que os produtos saiam inteiros e sem amassar.

Leite

Para eliminar o sabor ruim do leite queimado, coloque-o para ferver novamente com uma pitada de bicarbonato de sódio.

Massas

Ao bater massas, coloque primeiro os ingredientes secos; em seguida, adicione a margarina ou a manteiga e bata até obter uma espécie de farofa. Por fim, acrescente os ingredientes líquidos, como ovos, leite, água etc.

Quando uma receita que leva fermento biológico (fermento de padeiro) pede para deixar que a massa dobre de volume, use o seguinte truque para saber se ela já cresceu o suficiente: enfie o dedo indicador na massa até que ele fique coberto e,então, retire-o. Se, após um ou dois minutos, a depressão da massa ainda permanecer, é porque já terminou o período de crescimento.

Micro-ondas

Diversas receitas comumente preparadas em forno convencional ou fogão podem ser adaptadas ao micro-ondas a partir de simples modificações e/ou da redução do tempo de preparo em cerca de 25% a 50% do tempo de cozimento no forno convencional. Caso vá preparar o dobro da receita, não dobre o tempo, apenas aumente-o em 50% e, se necessário, aumente mais um pouco depois.

Ao preparar receitas com ingredientes crus, reduza os líquidos, pois assim haverá menos evaporação durante o cozimento.

Para preparar receitas no micro-ondas, reduza a quantidade de sal, condimentos e gordura.

Dê preferência a recipientes transparentes, pois eles permitem que as micro-ondas atravessem o recipiente e cozinhem o alimento.

Evite o uso de pratos com decoração metálica, cristais finos, utensílios com alça colada ou cintas metálicas, porcelana fina ou plástico.

Para descascar tomates, faça uma cruz neles com uma faca e leve-os ao micro-ondas por 30 segundos (cada tomate), na potência máxima.

Para cozinhar alimentos de formas irregulares como a couve-flor ou os brócolis, o melhor é dispor os talos com as flores formando um círculo ,e, como os alimentos cozinham primeiro nas bordas e depois no centro, coloque as flores mais tenras com os extremos dos talos virados para fora, assim o cozimento será uniforme.

Para secar ervas no micro-ondas, lave-as e enxugue-as com um pano. Arranque as folhas e ajeite-as entre duas folhas de papel toalha. Programe o micro-ondas para 2 minutos na função de descongelamento e tome cuidado para que as ervas não queimem. Deixe-as repousar por 5 minutos, uma vez acabado o programa, e guarde-as em potes de vidro.

Para cozinhar legumes em pedaços, corte-os em tamanhos iguais.

Para descascar um pimentão, faça vários arranhões em sua casca com uma faca e leve-o ao micro-ondas por 5 minutos.

Para cozinhar salsichas e tomates é preciso, primeiro, perfurá-los com um garfo para que não explodam.

Para tirar o máximo de suco de um limão ou de uma laranja, coloque-os no microondas por 30 segundos.

Ovos

Para bater claras em neve, utilize ovos à temperatura ambiente.

Nunca bata ovos em recipientes de alumínio, pois eles ficam esverdeados.

Para que a panela não fique preta ao cozinhar ovos, misture um pedacinho de limão ou algumas gotinhas de vinagre à água.

Panelas

Para que haja melhor circulação de vapor, não sobrecarregue as panelas e organize os ingredientes com espaços entre eles.

Para evitar a perda de vapor e manter o aroma, a cor e a consistência dos alimentos, feche a panela hermeticamente.

Para não interromper a circulação do vapor e, consequentemente, o cozimento, evite abrir a panela durante o processo.

Panelas de alumínio

Para evitar contaminação alimentar, não mantenha pratos muito salgados ou muito ácidos em panelas de alumínio.

Panelas de pressão

Para cozinhar verduras, use 250 ml de água por quilo de verdura. Leve as verduras ao fogo somente quando a água entrar em ebulição e tampe a panela quando começar a ferver.

Para dourar carnes, mantenha a panela destampada.

Geralmente, 5 minutos de cozimento na panela de pressão equivalem a 15 minutos na panela normal.

Para que os alimentos cozinhem mais rápido, pique-os em pedaços pequenos.

Pão

Antes de amassar ou misturar a massa de pão no processador, aqueça o recipiente, lavando-o em água quente, pois isso ajuda o fermento a agir mais rápido.

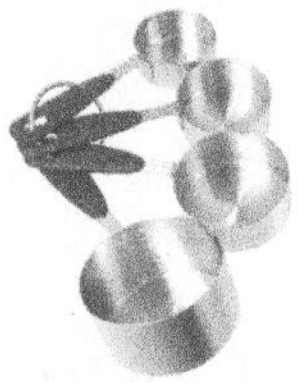

Pesos e medidas

Para medir ingredientes secos, primeiro é preciso peneirá-los.

Medidas gerais (líquidos)
1 copo = 250 ml
1 xícara (chá) = 240 ml
1 colher (sopa) = 15 ml
1 colher (chá) = 5 ml
1 colher (café) = 2 ml

Medidas específicas (sólidos)
100 g de amido de milho = 1 xícara (chá)
100 g de farinha = 1 xícara (chá)
130 g de açúcar = 1 xícara (chá)
140 g de banha ou manteiga = 1 xícara (chá) rasa
50 g de banha ou manteiga = 1 colher (sopa)
30 g de açúcar = 1 colher (sopa)
25 g de amido de milho = 1 colher (sopa)

25 g de farinha = 1 colher (sopa)
5 g de sal = 1 colher (sopa) rasa
5 g de fermento =1 colher (chá) rasa

Salada

Para que a salada não fique com cheiro forte de cebola, deixe a cebola, já picada, numa vasilha com água fria e 1 colher (sopa) de açúcar, por 30 minutos.

Para que a salada fique menos ácida, tempere-a com laranja em vez de limão.

Salmonela

Ao descongelar aves e carnes, tome cuidado para que a água do descongelamento não entre em contato com outros alimentos.

Para eliminar bactérias, sempre cozinhe (inclusive no micro-ondas) peixes, carnes e aves a temperaturas acima de 70 °C.

Na geladeira, conserve os alimentos perecíveis de origem animal a uma temperatura inferior a 8 °C.

Mantenha separados os alimentos que podem ser portadores de salmonela.

Supermercado

Para evitar compras por impulso, quando for ao supermercado, leve sempre uma lista de compras.
Nunca se esqueça de verificar a data de vencimento dos produtos.
Para compras menores, prefira feiras livres e sacolões.

Talheres de prata

Para servir saladas ou ovos, não utilize talheres de prata, pois esse metal não suporta a acidez e o ovo pode ficar preto.

Torradeira

Se as fatias já torradas esfriaram, utilize a função reaquecer para esquentá-las sem ressecar.

UTENSÍLIOS

Espátula de borracha

A espátula aproveita toda a massa no repasse da tigela para a fôrma.

Frigideira

Se os alimentos estiverem grudando, pegue a frigideira limpa e coloque-a no fogo com um punhado de sal grosso. Quando o sal começar a fazer ruído e a saltar, retire a frigideira do fogo e limpe-a com um pano. Unte-a com um pouco de azeite e depois elimine-o com papel toalha.

Fôrmas

As fôrmas (exceto as antiaderentes) devem sempre ser forradas, no centro e nas laterais, ou untadas/polvilhadas de acordo com as recomendações das receitas.

Respeite as indicações da receita quanto ao tamanho e à profundidade da fôrma.

Em vez de untar a fôrma de bolo com farinha de trigo, use aveia, farinha de rosca ou farelo de trigo. Além de saudável, o bolo adquire uma textura diferente.

Para desenformar bolos com maior facilidade, prefira fôrmas com fundo solto ou aro removível.

Não use fôrmas muito finas (metal), pois elas podem queimar sua receita ou impedir o crescimento da massa.

Fôrmas altas são usadas para massas que crescem, e as rasas, para pão-de-ló. Assadeiras são ideais para rocamboles e merengues.

Fósforo

Se a caixa de fósforos umedeceu e os palitos não acendem, coloque-os por alguns instantes no forno brando.

Para acender fósforos úmidos, passe o palito algumas vezes na cabeça antes de acendê-los.

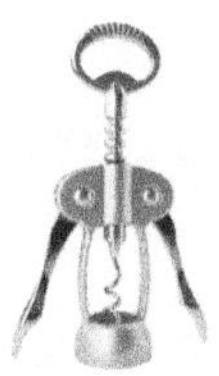

Saca-rolhas

Se você não tiver um saca-rolhas em casa, escorra água quente pelo pescoço da garrafa. Assim, a rolha sairá praticamente sozinha.

LIMPEZA DA COZINHA

Varra o chão para limpar as migalhas e a sujeira antes de lavá-lo com o esfregão. Comece a lavar o chão a partir do canto mais distante da cozinha e vá lavando até chegar à porta.

Para chegar aos espaços mais estreitos e entre os eletrodomésticos, utilize um pano na ponta do cabo do esfregão.

Paredes e teto

Para tirar a sujeira mais resistente do teto e das paredes da cozinha, molhe um pano com aguarrás e faça a limpeza. Mantenha a janela aberta e as bocas do fogão desligadas, pois a aguarrás é inflamável.

Pias

Para clarear pias brancas, esfregue borra de café. Para limpar pias de aço inoxidável, utilize um pouco de álcool e vinagre.
Após utilizar a esponja e o paninho de limpar a pia, torça-os bem e coloque-os para secar ao sol. Nunca deixe acumular água no recipiente do sabão, pois esse caldo é uma cultura de bactérias.

Produtos de limpeza

O bórax dissolvido em água é perfeito para lavar móveis de madeira, portas e janelas.

Para o detergente ficar mais eficiente, coloque algumas gotas de vinagre na garrafinha e misture bem. Você pode comprar um detergente mais barato e, assim, potencializar seus efeitos.

O vinagre é o melhor bactericida que existe. Limpe geladeiras, lavadoras de louça, tanques etc., exceto materiais feitos de mármore, pois o ácido corrói as pedras.

Aprenda a fazer uma pasta para lavar louças e alumínios:

Ingredientes
1/2 barra de sabão em pedra comum
1/2 barra de sabão de coco
1 litro de água filtrada
3 colheres (sopa) de vinagre
1 colher (sopa) de açúcar
3 colheres (sopa) de detergente líquido

Preparo
Junte o sabão em pedra, o sabão de coco e a água numa panela média, leve ao fogo e deixe ferver até derreter todo o sabão. Assim que derreter, retire a panela do fogo e acrescente o vinagre, o açúcar e o detergente. Despeje tudo numa vasilha e deixe descansar de um dia para o outro, para ganhar mais consistência. Use para lavar suas louças e panelas de alumínio.

LIMPEZA DE OBJETOS

Aventais

Para lavar aventais de borracha e torná-los mais duráveis, uma vez por semana, limpe-os com uma esponja molhada em água quente e sabão, enxugue bem e, em seguida, esfregue uma flanela com um pouco de azeite.

Abridores de latas

Para limpar abridores de latas, deixe-os de molho no vinagre por uma noite e, no dia seguinte, esfregue-os com sabão.

No caso de abridores de latas que estiverem oxidados, limpe-os com 1/2 limão e sal grosso.

Bandejas metálicas

Limpe o fundo da bandeja e, depois, passe um pano molhado com álcool. Assim que ela estiver seca, passe um produto para limpar metais.

Batedeiras

Nunca lave o corpo da batedeira; utilize apenas um pano úmido. Para facilitar a limpeza dos acessórios, use-os para bater uma tigela cheia de água e um pouco de detergente.

Cafeteiras

Para eliminar a gordura ou o sabor de ranço do filtro da cafeteira, coloque um pouco de sal e ligue o aparelho para passar a água quente.

Bules e chaleiras

Para eliminar manchas de café e chá de chaleiras, bules ou filtros de cafeteiras, encha-os com água, adicione 2 ou 3 colheres (sopa) de bicarbonato de sódio e deixe ferver por 10 a 15 minutos. Depois que o utensílio esfriar, esfregue e enxágue.

Para retirar a mancha de ferrugem das chaleiras, encha-as com água e adicione 2 colheres (sopa) de bicarbonato de sódio e suco de 1/2 limão. Ferva a solução em fogo baixo por 15 minutos e, em seguida, enxágue.

Copos e taças

Para remover manchas de copos e taças, prepare uma pasta à base de bórax e suco de limão, molhe os copos ou taças na água e passe a pasta. Deixe a solução por algumas horas e depois esfregue e lave com bastante água.

Copos e taças de cristal

Para lavar copos e taças de cristal, utilize álcool. Quando estiverem meio opacos, coloque-os embaixo da água quente da torneira e passe um pano umedecido em água salgada.

Para lavar taças de cristal delicadas, segure-as pela base e mergulhe-as vigorosamente em água bem quente com detergente. Em seguida, enxágue rapidamente, colocando-as em outro recipiente com água quente (se for fria, as taças poderão trincar) e ponha-as para escorrer, invertidas, sobre uma toalha.

Para dar brilho a copos e taças de cristal, junte um pouco de vinagre ou borato de sódio à água em que vai enxaguá-los.

Para ter seus copos e taças de cristal reluzentes, junte 1/2 copo de vinagre e um punhado de sal grosso ao detergente.

Para evitar que se quebrem, nunca mergulhe-os em pé na água quente.

Para evitar riscos, mantenha sempre um plástico sobre a bandeja na qual você os guarda.

Cristal

Para manter peças de cristal brilhantes, limpe-as com álcool.

Para limpar objetos de cristal talhados, mergulhe-os em água morna com detergente e passe uma escova pequena e meio dura, por todos os desenhos, esfregando até que o pó tenha se desprendido. Depois, enxágue em água corrente.

Peças de cristal costumam ser muito frágeis. Para enxugá-las sem precisar tocá-las, você pode utilizar um secador de cabelos.

Eletrodomésticos

Para limpar aparelhos de cozinha de uso diário, sempre desligue-os da tomada e nunca mergulhe-os na água. É importante também ler o manual de instruções do fabricante.

As juntas de muitos eletrodomésticos costumam ter aros de borracha, os quais, pouco a pouco, se tornam rígidos e racham. Para evitar esse ressecamento, lave as borrachas com uma mistura de água e amoníaco.

Esponjas

Para conservar as esponjas por mais tempo, você pode deixá-las de molho por uma noite em uma solução de água e bicarbonato de sódio.

Para as esponjas ficarem limpas e macias, mergulhe-as numa solução de água e suco de 1 limão.

Para conservar as esponjas, mergulhe-as numa tigela com 1/2 litro de água e 3 colheres (sopa) de vinagre.

Esponjas de aço

Para que as esponjas de aço não enferrujem, após utilizá-las, tire todo o sabão e deixe-as num recipiente com água. Após utilizá-las novamente, troque a água.

Para que as esponjas de aço não oxidem, guarde-as na geladeira embrulhadas em papel-alumínio.

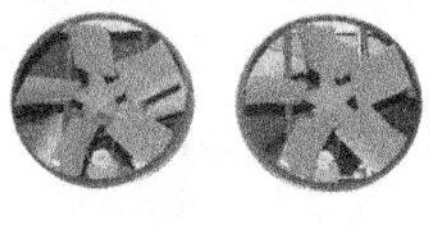

Exaustor

Para retirar a gordura do exaustor de cozinha, retire o filtro e deixe-o de molho em água bem quente, com algumas gotas de detergente. Enxágue bem antes de recolocar no lugar.

Filtros de água

Para evitar o desenvolvimento de bactérias em filtros de água, limpe-os regularmente.

Frigideiras

Para desengordurar uma frigideira, ferva um pouco de água e vinagre por cinco minutos. Depois, com a frigideira ainda quente, jogue o líquido fora e esfregue sal com papel absorvente.

Para que os alimentos não grudem na frigideira, vire-a de boca para baixo sobre o fogo e deixe-a assim por alguns segundos. Depois, use-a normalmente.

Para eliminar oxidação de frigideiras, passe sobre elas uma rolha molhada em azeite de oliva.

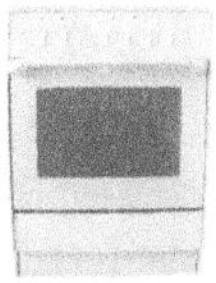

Fogões

Para não alterar a cor do esmalte do fogão, limpe-o apenas quando ele estiver frio.

Para que a sujeira do fogão saia com mais facilidade, limpe-o com água e um pouco de bicarbonato de sódio.

Para evitar falhas no acendimento do fogão, limpe periodicamente as bocas com um algodão umedecido em álcool.

Para facilitar a limpeza das bocas do fogão, ferva-as com água, sal, vinagre, algumas gotas de limão e sabão em pó. Depois, esfregue-as com uma esponja de aço.

Para limpar as bocas do fogão, deixe-as em água fervente com um pouco de vinagre durante 15 minutos. Depois, esfregue-as com uma esponja de aço.

Para eliminar a gordura, ferva água com o suco de 3 limões e coloque as bocas de molho.

Fornos

Para retirar com mais facilidade a gordura do forno, aplique a seguinte solução: 1/4 de xícara de bicarbonato de sódio, 1/2 xícara de vinagre branco, 1 xícara de amoníaco e 3 litros e 1/2 de água quente. Use sempre luvas de borracha e trabalhe numa área bem ventilada.

Para limpar o forno, passe, com um pano, uma solução de água quente com bicarbonato de sódio.

Para limpar a porta do forno, utilize uma flanela umedecida em água quente e polvilhe-a com sal de frutas.

Forminhas

Para limpar forminhas, nunca esfregue-as com buchas ou palhas de aço. Se a massa ficou grudada, jogue água quente nas forminhas e, quando estiver morna, passe uma esponja suavemente umedecida em polidor de metais. Deixe que escorram e seque-as com papel absorvente.

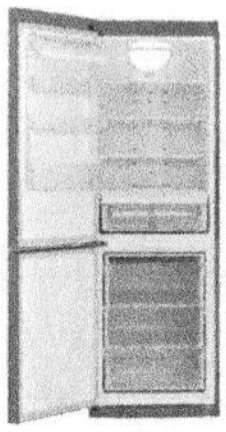

Freezers

É necessário descongelar o freezer pelo menos uma vez por ano. Quando o gelo se soltar das paredes, limpe-as muito bem, sem esquecer dos cantos, com um pano limpo levemente umedecido em água com bicarbonato, e seque com outro pano limpo.

Garrafas térmicas

Para limpar garrafas térmicas adequadamente, coloque dentro delas alguns grãos de arroz e água bem quente e agite bem. Para lavar as tampas, deixe-as de molho em água com sabão por alguns minutos. Depois, é só enxaguar.

Galheteiros

Para limpar o óleo derramado em um galheteiro, chacoalhe bicarbonato de sódio em seu interior e enxágue com água morna.

Para deixar a azeiteira impecável, coloque borra de café umedecida em água bem quente até a metade. Sacuda bem e deixe descansar por 30 minutos. Depois, escove-a com detergente, por dentro e por fora, e introduza em seu interior um pedaço de papel toalha, para absorver os restos de umidade.

Para limpar e eliminar por completo os restos de gordura de galheteiros, encha-os com água bem quente e um pouco de sabão. Deixe atuar durante alguns minutos e, depois, lave com bastante água. Seque com folhas de jornal, juntando algumas gotas de vinagre.

Geladeiras

Para que a geladeira e o congelador fiquem limpos e livres de odores, lave-os com uma solução de 2 colheres (sopa) de bicarbonato de sódio em 1 litro de água quente. Não use desinfetantes, pois eles podem modificar o sabor dos alimentos durante vários meses.

Para limpar e desinfetar a geladeira, utilize água e detergente neutro e borrife em toda a geladeira uma solução de água e vinagre de maçã (que é bactericida) na mesma proporção.

No caso de sujeira mais pesada, como gordura ou molhos, a limpeza interna deve ser feita com água morna e sabão neutro.

Jarras e garrafas

Para eliminar manchas e odores de jarras e outros recipientes de vidro, enxágue-os com água quente e algumas gotas de amoníaco. Se contiverem leite ou chocolate, junte uma pitada de fermento em pó à solução.

Para limpar bem uma garrafa por dentro, encha-a com borra de café e vinagre e agite bem. Depois, é só enxaguar.

Outras opção é encher a garrafa com chá frio ou casca de batata e deixá-la assim durante algumas horas. Depois, despeje um pouco desse líquido e agite bem o que sobrou. Despeje, então, mais um pouco e repita a operação até a garrafa ficar vazia. Em seguida, enxágue-a com água fria.

Para lavar garrafas de boca muito estreita, utilize um punhado de arroz e água. Depois é só agitar. Deixe secar bem.

Liquidificadores

Para limpar facilmente copos de liquidificadores, encha-os até a metade com água quente e um pouco de detergente e bata para remover os resíduos.

Lixeiras

Para que lixeiras não fiquem com odor forte, gerado pelo calor, coloque dentro delas cascas de limão e laranja.

Louças

Se você quiser que suas louças fiquem impecáveis, deixe-as de molho durante 3 horas na água com bicarbonato.

Para dar brilho a louças de porcelana, depois de lavá-las com água e detergente, deixe-as de molho na água com o suco de 1 limão. Em seguida, enxágue e enxugue.

Louças esmaltadas

Para eliminar manchas de louças esmaltadas, deixe-as de molho por uma noite com sabão em pó.

Mamadeiras

Para lavar mamadeiras, use água fria, pois a água quente faz com que os restos de leite fiquem grudados nas paredes.

Micro-ondas

Para limpar micro-ondas, jamais utilize produtos abrasivos, removedores ou detergentes comuns. Utilize somente um pano úmido com sabão ou detergente neutro.

Limpe imediatamente qualquer resto de líquido ou alimento que tenha ficado dentro do micro-ondas, pois quando a sujeira seca e gruda, fica mais difícil de remover. Use um pano úmido com sabão ou detergente neutro.

Para limpar o painel, utilize apenas um pano seco.

Para amolecer a sujeira dentro do micro-ondas, encha um pote de água e programe o forno para a temperatura máxima durante alguns minutos. Assim, o vapor irá amolecer a sujeira, facilitando a limpeza Então, dissolva 2 colheres de bicarbonato de sódio num copo de água, umedeça um pano e esfregue o micro-ondas com essa mistura. Enxugue em seguida.

Após usar o micro-ondas, limpe-o passando um pano molhado com água e algumas gotas de vinagre.

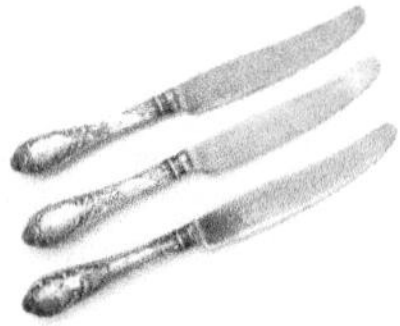

Objetos de prata

Para limpar objetos de prata, misture 1 litro de água em temperatura ambiente com 3 colheres (sopa) de bicarbonato de sódio e 3 colheres (sopa) de sal numa bacia. Adicione um pedacinho de papel-alumínio e mergulhe a prata nessa solução.

Panelas

Para limpar o interior das panelas que ficaram escuras, coloque cascas de limão na água.

Para limpar panelas queimadas, salpique bicarbonato de sódio e umedeça. Depois de algumas horas, é só lavar.

Para eliminar as manchas amarelas da panela depois de uma fritura, ensaboe bem a parte amarelada e coloque no fogo, deixe esquentar um pouco. Depois, passe uma palha de aço enquanto a panela estiver quente.

Panelas com comida grudada no fundo

Para limpar panelas com comida grudada no fundo, use uma esponja de náilon e um produto mais forte que o detergente. Faça isso apenas nas paredes interiores e no fundo da panela, pois esses produtos são abrasivos e podem alterar o brilho exterior.

Outra opção: coloque um pouco de água com suco de limão na panela e leve-a ao fogo para ferver com a mistura. Depois, é só lavar.

Panelas de alumínio

Para manter panelas de alumínio limpas e brilhantes, ferva 1 litro de água e uma colher (sopa) de vinagre.

Para limpar as panelas de alumínio com marcas de queimado, coloque 4 colheres (sopa) de sal e um pouco de água e deixe ferver por 15 minutos.

Para que o fundo das panelas de alumínio continue brilhando depois de lavadas, coloque as panelas molhadas durante 2 ou 3 minutos sobre o fogo. Depois, passe uma palha de aço seca para dar brilho.

Panelas de inox

Para limpar panelas de inox, utilize vinagre.

Para poli-las, passe, delicadamente, uma flanela com um pouco de farinha de trigo.

Para dar brilho, misture 1/2 litro de água com 3 colheres de amido de milho e esfregue as panelas já lavadas e secas com um pano umedecido nessa mistura.

Para eliminar manchas amarelas causadas por falta de uso das panelas, encha-as com um pouco de leite morno e deixe agir por 30 minutos.

Panelas de ferro

Para limpar panelas de ferro por fora, utilize uma esponja de aço e uma escova.

Para limpá-las por dentro, esquente-as com um pouco de água com sal.

Para limpar panelas que estiverem muito sujas, utilize uma mistura de azeite e sal.

Panelas esmaltadas

Para limpar panelas esmaltadas, utilize álcool.

Para eliminar manchas, deixe-as de molho com água e detergente durante toda a noite.

Panelas de pressão

Para limpar válvulas de panelas de pressão, utilize uma escova de dentes.

Para eliminar a marca avermelhada que fica na panela quando se cozinha feijão, lave-a e coloque-a sobre o fogo para secar. Quando estiver bem quente, jogue água e esfregue com uma palha de aço.

Para evitar que o fundo da panela escureça com o passar do tempo, limpe seu interior com uma esponja umedecida em vinagre e lave a panela com sabão e água.

Panelas wok

Para lavar panelas wok, não use palha de aço nem produtos abrasivos. Deixe-as de molho com água e sabão neutro para amolecer as crostas que ficaram grudadas e, depois, limpe com uma esponja macia. Em seguida, enxágue-a e passe papel toalha em suas superfícies interna e externa. Leve-as ao fogo por alguns minutos até ficar bem secas. O ideal é utilizar a wok com frequência, para não oxidar. Caso a panela não seja muito utilizada, o ideal é pincelar a superfície interna com azeite de oliva.

Panos de prato

Para deixar seus panos de prato mais limpos, lave-os com água morna misturada com um pouco de vinagre e sal.

Processadores

Para lavar as lâminas afiadas de processadores, utilize uma escova, cuidadosamente. Mantenha os dedos longe das extremidades da lâmina. Não as deixe de molho.

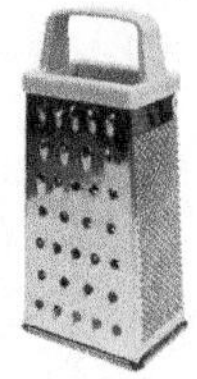

Raladores

Para limpar raladores de corte fino, utilize uma escova de cerdas duras.

Para que pedaços de queijo saiam com facilidade do ralador, esfregue nele a polpa de um limão ou uma batata crua.

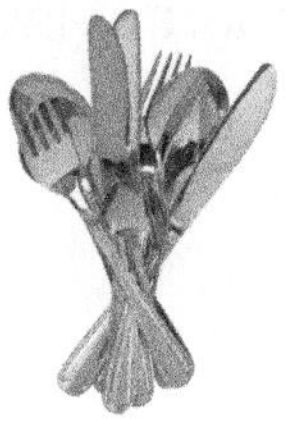

Talheres

Para que os talheres brilhem, coloque-os uma vez por semana num recipiente com água, algumas gotinhas de água sanitária e vinagre de álcool. Deixe-os de molho por toda a noite e enxágue no dia seguinte.

Para evitar que as lâminas das facas arranhem outras peças, lave-as separadamente dos demais talheres.

Para eliminar a oxidação ou ferrugem dos talheres, esfregue neles uma cebola partida polvilhada com açúcar.

Para garfos de difícil limpeza entre os dentes, use um barbante embebido no detergente.

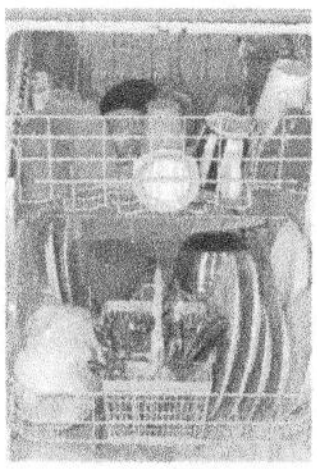

Talheres na lavadora de louças

Não coloque suas facas na lavadora de louças, pois o calor acelera o processo de envelhecimento do cabo de madeira e afeta a estrutura molecular do aço. O ideal é lavá-las com água fria e sabão e enxugá-las em seguida.

Talheres de aço

Para limpar as lâminas das facas de aço, utilize um pano umedecido em álcool e, depois, um pano seco para dar brilho.

Talheres de prata

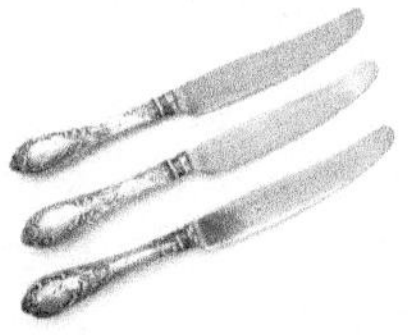

Para deixar os talheres de prata brilhantes, ferva uma panela média de água com 3 colheres (sopa) de bicarbonato de sódio e dê um banho neles.

Para lavá-los, utilize água bem quente com 2 ou 3 colheres (sopa) de sal.

Para limpar talheres que estiverem escurecendo, esfregue creme dental até que eles estejam brilhando. Depois, lave em água quente e enxugue.

Para que os talheres não fiquem riscados ou pretos, evite misturá-los com outros metais.

Para tirar manchas de ovos dos talheres, esfregue-os com batata cozida ou com metade de um limão.

Tampos de inox

Para limpar tampos de inox, use água, sabão neutro e uma esponja macia.

Para remover gorduras e manchas mais resistentes, utilize detergente comum.

Para eliminar as manchas de água dos tampos de inox, use álcool ou vinagre branco.

Se o tampo estiver velho e opaco, lave-o com sabão em pó.

Toalhas plásticas

Para remover manchas de toalhas plásticas, passe uma pasta feita com bicarbonato de sódio e água. Deixe a solução sobre a mancha por alguns minutos e, depois, lave bem o local.

Torradeiras

Para que sua torradeira apresente melhor desempenho, limpe com frequência a bandeja de migalhas.

Xícaras

Para retirar as manchas de café ou chá de suas xícaras, mergulhe uma esponja umedecida em bicarbonato de sódio e esfregue as manchas. Para retirar as manchas mais difíceis, acrescente um pouco de sal.

CUIDADOS

Batedeiras

Para lubrificar a batedeira, caso os batedores não estiverem saindo com facilidade, da próxima vez que for utilizar o aparelho, coloque uma gota de óleo de cozinha em cada um dos orifícios.

Para evitar que as pás da batedeira se danifiquem, em vez de guardá-las numa gaveta, pendure-as em um gancho ou guarde-as em um suporte ou caixa especial.

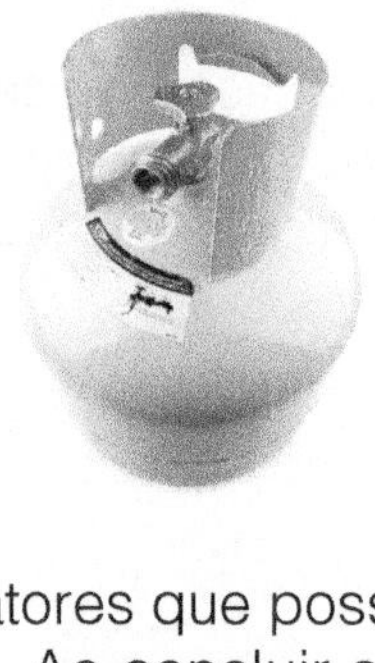

Botijões de gás

Acenda sempre o fósforo antes de abrir o gás. Se for utilizar um acendedor elétrico, abra primeiro o gás, no mínimo, e depois acione o acendedor.

Ao ligar o redutor à válvula do botijão, assegure-se de que ele ficou bem ajustado.

Proteja a válvula contra qualquer pancada ou outros fatores que possam afetar suas condições de segurança.

Ao concluir a utilização do botijão de gás, deixe o sistema válvula/ redutor sempre fechado.

Para movimentar botijões, mesmo que vazios, sempre feche a válvula de corte do redutor antes.

Não deixe as bocas do fogão acesas quando tiver de se ausentar da cozinha, pois o derramamento de líquidos pode apagar a chama, mantendo a liberação do gás.

Se a chama de seu fogão ficar instável, azulada, ruidosa ou fortemente amarelada, chame a assistência técnica.

Nunca pendure objetos nos tubos de alimentação.

Para trocar botijões de gás, antes apague todo o fogo existente no ambiente (cigarro, velas etc.).

Não bata com martelos ou outros objetos na borboleta da válvula. Utilize apenas as mãos para apertá-la ou desapertá-la. Assim não há risco de danificar a válvula e provocar um vazamento.

Para transportar, trocar ou armazenar botijões de gás com segurança, segure-os sempre em pé. Nunca se deve rolar ou deitar o botijão.

Use mangueiras transparentes.

Quando os botijões não estiverem sendo usados, verifique se os registros de gás estão bem fechados.

Instale seu botijão fora da cozinha, em local ventilado, e coloque a tubulação metálica para aumentar a segurança.

Caso sinta cheiro de gás no ambiente, tome os seguintes cuidados: não risque fósforos nem acenda a luz. Abra imediatamente as portas e janelas para ventilar.

Mantenha os botijões de gás a uma distância superior a 40 cm de radiadores, tomadas e interruptores elétricos e superior a 1,50 m de chamas.

Não faça ligações em tubos com mais de 1,50 m.

Nunca dobre o tubo de modo a estrangulá-lo em qualquer ponto de sua extensão.

Para realizar instalação, reparos e manutenção de botijões de gás, incluindo a substituição dos tubos de alimentação, procure sempre técnicos ou entregadores de gás devidamente licenciados.

Copos

Para evitar que os copos estalem ou trinquem ao receber líquidos muito quentes, coloque, antes do líquido, uma colher de metal.

Para desencaixar um copo entalado, encha o copo de cima com água fria e o de baixo com água quente.

Eletrodomésticos

Para limpar, lubrificar ou cuidar da conservação de um aparelho elétrico, desligue-o e tire-o da tomada antes.

Para ligar e desligar interruptores ou tirar aparelhos da tomada seque sempre as mãos antes.

Para prevenir danos causados pelo calor, mantenha os eletrodomésticos longe do fogão.

Verifique regularmente se os cabos dos eletrodomésticos estão desgastados, pois isso pode ser perigoso.

Facas

Para evitar acidentes com facas afiadas, guarde-as no fundo das gavetas.

Nunca use a faca para espetar uma carne que esteja sendo assada ou frita, pois o óleo quente estraga o fio das facas e ainda as deixa pretas e sem brilho.

Frigideiras

Não exponha frigideiras antiaderentes a temperaturas muito altas nem as coloque no fogo vazias.

Para prevenir danos e minimizar o aparecimento de manchas em frigideiras, não cozinhe em fogo alto.

Evite mudanças bruscas de temperatura, tais como água fria numa frigideira quente.

Ao terminar de utilizar a frigideira, remova-a da boca do fogão.

Para evitar danos à superfície antiaderente de frigideiras, não use utensílios de metal, como garfos e colheres. Recomenda-se o uso de utensílios de náilon, madeira ou plástico.

Não deixe frigideiras sobre o fogão sem supervisão e mantenha-as fora do alcance de crianças.

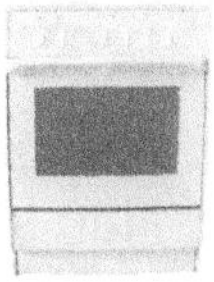

Fogões

Para evitar sujeira e conservar a pintura e o esmalte de fogões, cubra toda a chapa com papel-alumínio, deixando apenas os queimadores descobertos.

Para testar a temperatura do forno, coloque uma fatia de pão e deixe por 5 minutos. O forno estará fraco se o pão não dourar; regular, se o pão dourar um pouco; quente, se o pão tostar; e quente demais se o pão queimar.

Para que o forno não enferruje, deixe a porta aberta depois de usá-lo, até que esteja completamente frio.

Para evitar limpezas desagradáveis, forre a bandeja do forno com papel-alumínio, mas não faça isso com as paredes, pois o calor fica muito forte e pode queimar suas receitas.

Se uma das bocas do fogão não funciona bem, primeiro verifique se a chave do gás está bem aberta. Depois, examine os orifícios de saída do gás, pois pode ser que alguns estejam obstruídos; nesse caso, limpe-os com uma escova, um palito ou uma agulha.

Para preparar frituras com óleo fervendo, baixe o fogo e tampe a panela ou frigideira.

Forno

Para acender o forno, mantenha-se ao lado do fogão, e nunca em frente a ele.

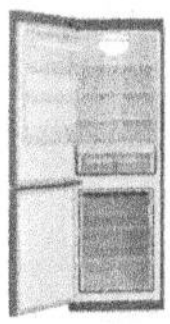

Geladeiras

Nunca guarde alimentos sem proteção dentro da geladeira.

Não encha a geladeira completamente nem forre as prateleiras com vidros ou plásticos, pois isso dificulta a circulação do ar frio.

Afaste sua geladeira de fontes de calor como o fogão, pois 1% a mais de temperatura ambiente significa 4% a mais de consumo. Deixe, ainda, um espaço mínimo de 20 cm dos lados, acima e no fundo, no caso de instalação entre armários e paredes.

Para que sua geladeira funcione bem, mantenha limpas as serpentinas e verifique periodicamente a borracha de vedação, que deve estar em bom estado, para não escapar ar frio.

Evite abrir e fechar a geladeira muitas vezes. Sempre que possível, retire todos os alimentos que serão utilizados de uma só vez. Não deixe a geladeira aberta por muito tempo.

Para conservar os alimentos em boas condições por vários dias dentro da geladeira, basta uma temperatura de 5 °C.

Para evitar a formação de gelo, polvilhe sal fino em volta da tampa de seu congelador.

Mantenha os produtos mais perecíveis, como leite e derivados e frios fatiados, nas prateleiras superiores.

Para preservar melhor as borrachas da porta da geladeira, passe talco ou glicerina, que evitam o ressecamento.

Inox

Nunca utilize esponja de aço comum na limpeza de materiais de inox, pois, além de arranhar, ela deixa minúsculas partículas que podem vir a provocar manchas que não saem mais.

Liquidificadores

Para bater alimentos quentes no liquidificador, deixe-os esfriar um pouco antes e segure a tampa com um pano dobrado para impedir que o vapor a empurre.

Lixeiras

Para evitar contaminação, não deixe lixeiras sobre a pia da cozinha. Procure deixá-las no chão e devidamente tampadas, longe de onde se lavam e cozinham os alimentos.

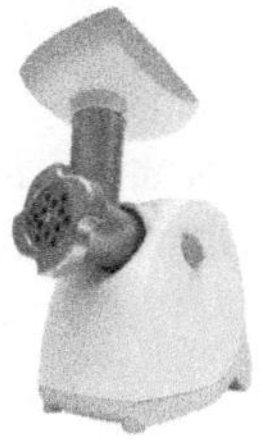

Moedores de carne

Para afiar as lâminas de moedores de carne, coloque um pedaço de lixa em seu interior e gire a manivela algumas vezes.

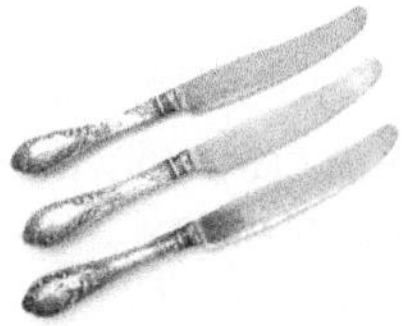

Objetos de prata

Para conservar o brilho dos objetos de prata, guarde-os dentro de um saco plástico, mantendo-os abrigados do ar.

Para manter peças de prata limpas, guarde-as junto com um pedacinho de cânfora.

Panelas de barro

Para evitar rachaduras e trincas em panelas de barro e de pedra-sabão, lave-as somente depois que esfriarem completamente. O ideal é deixá-las de molho antes da limpeza.

Para aumentar a durabilidade das panelas, ferva nelas um pouco de água com vinagre e um punhado de sal.

Para que a panela de barro não se quebre facilmente, antes de usá-la pela primeira vez, ponha-a de molho em água durante 12 horas, no mínimo. Depois, seque-a e limpe-a com um pouco de azeite e 1 dente de alho.

Panelas de pressão

Nunca abra a panela até que a válvula indique que a pressão tenha baixado.

Para baixar a pressão da panela, coloque-a sob um jato de água fria.

Processadores

Para evitar que seu processador "saia andando" ou faça muito barulho, coloque-o sobre uma borracha ou plástico.

Sanduicheiras

Para retirar os sanduíches e limpar sua sanduicheira, não utilize objetos pontiagudos e cortantes, pois eles podem riscar a superfície antiaderente.

Torradeiras

Ao utilizar sua torradeira pela primeira vez, selecione a menor temperatura e aumente gradativamente, até perceber qual temperatura é ideal para o preparo de suas fatias de pão.

Utensílios de madeira

Para evitar que conchas, colheres e tábuas de madeira escureçam, limpe-as com uma mistura de sal fino e suco de limão.

DICAS

Congelados

Para evitar que as etiquetas borrem com a data dos alimentos no freezer, passe um pouco de esmalte para unhas sobre a tinta.

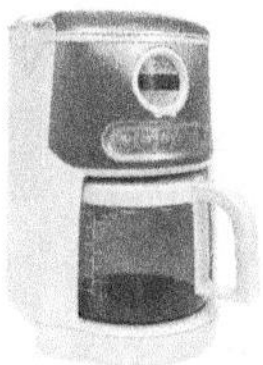

Eletrodomésticos

Mantenha os eletrodomésticos que costumam ser mais usados, como a torradeira e a cafeteira, à mão ou perto de uma superfície de trabalho.

Facas

Para afiar facas, caso você não tenha pedra de afiar ou afiador, use a base de uma caneca de cerâmica, passando a faca com firmeza e cuidado. Repita o movimento várias vezes, na mesma direção.

Hashis

Para comer com hashis, segure um palito entre o polegar e o indicador, de modo que ele se apoie sobre a lateral do dedo médio. Aloje o segundo palito na cavidade formada entre o polegar e o indicador e apoie-o na parte lateral do anelar. Por fim, para abrir e fechar, movimente o palito de cima usando os dedos indicador e médio.

Louças quebradas

Para recolher pedaços pequenos de louças quebradas, utilize uma barra de sabão umedecida. Para colar louças quebradas, prepare uma pasta de clara de ovo e farinha de trigo. Misture bem até obter uma massa espessa, passe nas bordas da louça e una as partes imediatamente. Segure por alguns instantes e ela estará colada.

Micro-ondas

Para esquentar os pratos antes de servir, coloque-os ligeiramente molhados no micro-ondas, por 3 minutos.

Objetos no ralo

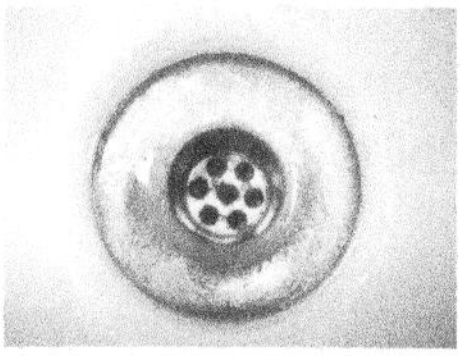

Para recuperar algum objeto que tenha caído no ralo da cozinha ou do banheiro, pegue uma agulha de tricô ou um arame fino e enfie em sua ponta um chiclete mascado; introduza a agulha pelo sumidouro até alcançar com o chiclete o objeto perdido, exercendo pressão suficiente para que grude no objeto.

Panelas

Para guardar as tampas das panelas de forma prática, use um escorredor de pratos.
Para empilhar panelas antiaderentes e evitar que risquem, intercale pedaços de papelão entre elas.

Rolhas

Para cortar uma rolha com facilidade, coloque-a de molho na água e corte-a apenas enquanto ela estiver bem molhada.

Para ajustar a rolha a uma garrafa, mergulhe-a em água fervente. Ela diminuirá de tamanho e, ao secar, voltará ao tamanho normal.

Para tirar uma rolha que tenha caído dentro da garrafa, jogue um pouco de amoníaco dentro e aguarde a rolha se dissolver.

Tampas

Se a tampa metálica de um pote de vidro resiste em abrir, coloque o pote de boca para baixo em água bem quente e, após alguns minutos, retire-o e tente abri-lo com a ajuda de um pano. O mesmo pode ser feito com as tampas de rosca de garrafas plásticas.

Um quebra-nozes pode auxiliar a abrir a tampa de rosca de uma garrafa quando houver dificuldade.

Planejando a cozinha

Planeje sua cozinha em forma de U, L ou balcão, pois essas são as disposições mais simples e eficientes. Procure criar uma superfície de trabalho corrida entre os equipamentos, para facilitar a limpeza. Use os cantos da superfície de trabalho para guardar pequenos eletrodomésticos de uso frequente.

Use a janela para instalar prateleiras e guardar potes de temperos, garrafas e vasos de planta.

Para economizar espaço, dê preferência a mesas dobráveis.

EVITANDO ACIDENTES

Incêndios na cozinha

Procure sempre manter uma embalagem de bicarbonato de sódio próximo ao fogão, mas longe o bastante para não ser envolvida pelo fogo. Em caso de incêndio, jogue o bicarbonato diretamente sobre as chamas. Não use o bicarbonato de sódio para apagar o fogo de uma frigideira, pois a gordura poderá espirrar.

Não use bicarbonato de sódio em qualquer incêndio que tenha materiais combustíveis, como madeira ou papel.

Quando o fogo for apagado, deixe os potes e seus conteúdos esfriarem antes de removê-los e limpá-los.

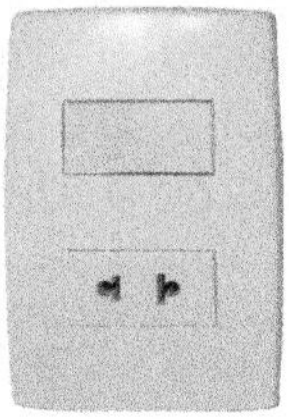

Tomadas

Não sobrecarregue as tomadas elétricas com muitos aparelhos.

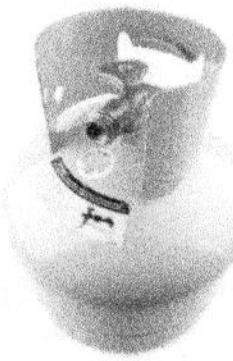

Vazamentos de gás

Para verificar se há vazamentos de gás, aplique água com sabão durante a instalação. Esse procedimento não interrompe o vazamento, mas é um método prático para detectá-lo. Caso se formem bolhas, é sinal de que há vazamento. Feche imediatamente a válvula e o registro e abra todas as portas e janelas para ventilar o local.

QUARTOS

CUIDADOS

Cabides

Procure sempre guardar as roupas nos cabides adequados.

Os cabides que contiverem roupas sem uso frequente devem estar sempre cobertos.

Para manter cabides de madeira livres de traças ou cupins, uma vez por ano lixe-os suavemente com uma folha fina de lixa.

Para evitar que as roupas escorreguem, enrole um elástico (de escritório) em cada extremidade do cabide ou cole um pedacinho de espuma na ponta dos cabides, ou, ainda, passe uma fita-crepe na parte interna do cabide.

Colchões

Para limpar colchões, utilize uma escova ou o aspirador de pó.

Para lavar forros de colchões feitos de material

não lavável, leve-os, no mínimo a cada dois anos, a uma lavanderia especializada.

Por questões de higiene, é conveniente trocar de colchão aproximadamente a cada dez anos.

Colchões de espuma

Para limpar as manchas de um colchão de espuma, use um pouco de amoníaco na água. Depois, passe o aspirador.

Colchões infláveis

Para que o ar tenha espaço para se espalhar dentro de colchões infláveis, não os encha completamente. Nem coloque colchões infláveis para secar ao sol ou junto a qualquer outra fonte de calor.

Para evitar o surgimento de rachaduras na hora de guardar o colchão, enrole-o em vez de dobrá-lo. Antes de enrolá-lo, polvilhe sua superfície com talco.

Colchões de molas

Vire seu colchão de molas todo mês, sempre invertendo as posições da cabeça e dos pés.

Para não danificar as molas do colchão, não pule sobre ele.

Edredons

Para manter o bom estado dos edredons de plumas, é necessário arejá-los. Uma vez por semana, tire-os da capa e sacuda-os bem, de modo que a umidade que se forma em seu interior evapore.

Após lavar seu edredom ou manta, coloque-os para secar ao sol ou na secadora de roupas. Procure fazê-lo imediatamente após a lavagem, pois a permanência da umidade nas peças pode causar manchas.

Nunca passe edredons e colchas de matelassê, pois o calor e o peso do ferro diminuem o volume da manta.

Lençóis

Para eliminar marcas do lençol sem passá-lo a ferro, misture 1 parte de álcool com 3 partes iguais de água, borrife sobre as dobras amassadas e passe a mão em seguida. Espere secar e o lençol estará liso novamente.

Mantas

Para aumentar a durabilidade das mantas de algodão coloridas, acrescente um pouco de vinagre branco na água quando for lavá-las.

Para aumentar a durabilidade das mantas de algodão brancas, acrescente um pouco de água oxigenada na água quando for lavá-las.

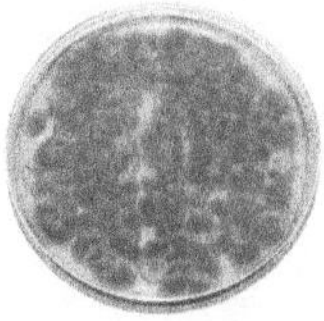

Mofo

Para evitar a proliferação de mofo em armários embutidos, coloque placas de isopor nas paredes antes da instalação ou, então, certifique-se de que haja uma distância de 5 cm entre a parede e o fundo do armário, para que o ar circule. O ideal é que cada divisória tenha uma área para circulação de ar. Lojas de ferragens geralmente dispõem de respiradouros que podem ser instalados no fundo dos armários.

Para eliminar o mofo, coloque dentro do armário 1 litro de vinagre fervido e deixe-o agindo durante 3 horas.

Para eliminar mofo de gavetas, coloque um saleiro com bicarbonato de sódio ou cal virgem dentro delas.

Para evitar o aparecimento de mofo em roupas, nunca guarde-as em sacos plásticos.

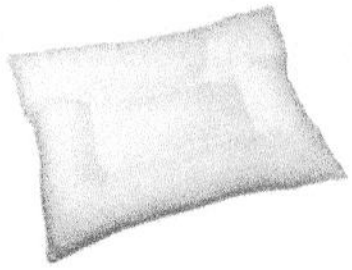

Travesseiros

Para impedir que as plumas do travesseiro escapem, engome a fronha que as cobre.

Umidade

Para eliminar a umidade dos armários, mantenha dentro deles, em uma tigela, um pedaço de giz ou de carvão vegetal ou um pouco de cal virgem num vidro destampado. Troque a cada 2 ou 3 meses.

Outra opção é colocar pedaços de cânfora nas prateleiras e gavetas.

Para absorver a umidade de roupas guardadas durante o inverno, coloque pedaços de giz ou sachês de cal nos cantos do armário ou das gavetas.

LIMPEZA

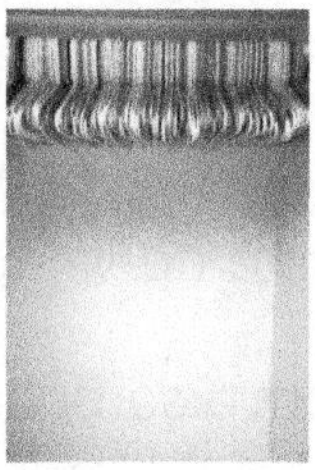

Armários

Esvazie armários e gavetas pelo menos duas vezes por ano. Utilize um pano úmido para limpar as paredes laterais e as portas internas. Em seguida, abra a janela e deixe o móvel vazio e aberto por algumas horas (enquanto isso, deixe as roupas arejando num lugar bastante ventilado). Quando o interior do armário estiver bem seco, guarde as roupas novamente.

Bichos de pelúcia

Para limpar bichos de pelúcia, convém passar o aspirador 1 vez por semana e, 1 vez a cada 3 meses, esfregá-los vigorosamente com uma escova molhada numa solução de água quente, detergente e amoníaco (1 colher para cada litro de água), secando-os logo em seguida.

Colchões

Para remover manchas de sangue dos colchões, faça uma pasta com quantidades iguais de amido e água. Passe a solução sobre a mancha, deixe secar e depois escove.

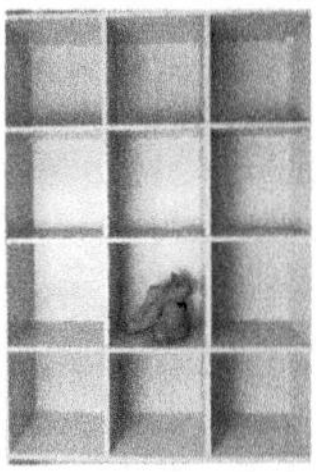

Prateleiras

Para limpar prateleiras enceradas, lustre-as muito bem com um pano macio para retirar qualquer excesso e deixe arejar por algumas horas.
Para forrar prateleiras enceradas, utilize papel vegetal.

ORGANIZAÇÃO

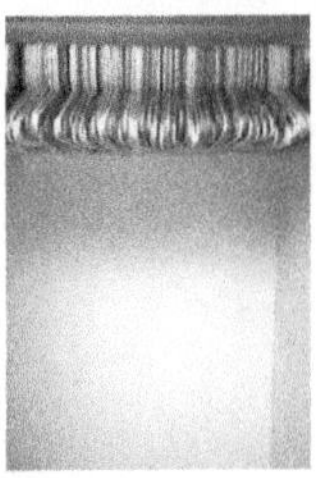

Armário

Ao guardar roupas, deixe-as com as dobras para frente, pois assim será mais fácil retirá-las, sem enganar-se nem arrastar outras peças junto.
Roupas brancas que irão ficar guardadas por algum tempo ou que sejam de pouco uso devem ser envolvidas em papel ou pano azul para que não amarelem.

Prateleiras

Para organizar melhor as prateleiras, coloque as peças mais pesadas por baixo e as mais leves e delicadas por cima.

Roupas de cama

Para guardar roupas de cama de forma mais organizada, intercale os conjuntos com um pedaço de cartolina.

BANHEIRO

LIMPEZA

Monte um kit de limpeza apenas para o banheiro, com os produtos e objetos necessários. Guarde tudo em um balde ou cesto e mantenha fora do alcance das crianças.

Antes de lavar o banheiro, retire tudo o que estiver no chão e varra-o para retirar fios de cabelo e sujeira.

Para que as superfícies cromadas fiquem brilhantes, passe um pano seco e limpo nelas.

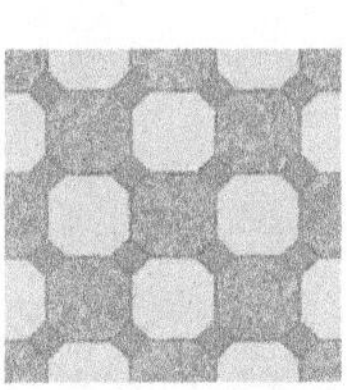

Azulejos

Para eliminar as manchas de água da superfície dos azulejos, puxe a água com um pequeno rodo após o banho.

Para limpar azulejos, utilize folhas de jornal umedecidas com água e um pouco de amoníaco. Enxágue e seque depois.

Para dar brilho a azulejos, passe um pano umedecido em álcool.

Para limpar azulejos com capa de sujeira, utilize água morna com vinagre branco e, no rejunte, passe uma escovinha com cloro.

Para retirar a gordura e a sujeira concentrada nas quinas e áreas próximo a pias e espelhos, utilize cloro e esfregão.

Para limpar os cantinhos, utilize um produto chamado tira-limo, encontrado nos supermercados. Espalhe o produto com uma escova de dentes e, após alguns minutos, você pode enxaguar. Não ultrapasse o tempo indicado no rótulo do produto, para evitar uma aparência artificial no rejunte.

Para clarear os rejuntes, use um pincel umedecido com água sanitária.

Banheiras

Para eliminar o amarelado de banheiras, utilize uma solução de sal e aguarrás.

Para eliminar manchas de oxidação de banheiras, prepare uma mistura de bórax e sumo de limão e esfregue com força.

Passe a metade de um limão na banheira para tirar manchas e deixe atuar por um tempo se as juntas estiverem amareladas ou verdes.

Chuveiros

Para evitar o surgimento das bactérias que proliferam nos depósitos e contornos do chuveiro e são transmitidas através do vapor de água, limpe periodicamente os difusores das torneiras e dos chuveiros, deixando-os de molho no vinagre.

Para eliminar oxidação da cabeça do chuveiro, desparafuse-a e coloque-a para ferver em 1 litro de água com 1/2 copo de vinagre por 15 minutos.

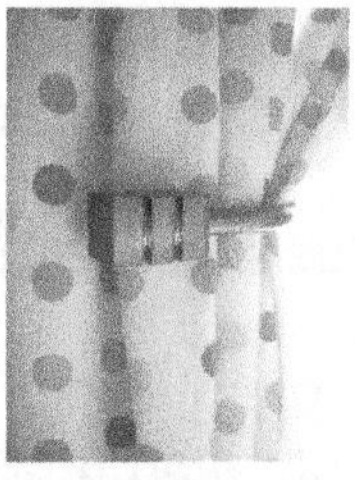

Cortinas

Para tirar o mofo das cortinas do box, utilize uma esponja com bicarbonato de sódio.

Para evitar que o mofo se instale na cortina, limpe-a com água salgada antes de instalá-la.

Para que as cortinas do banheiro fiquem impecáveis, coloque-as na máquina de lavar junto com 2 toalhas de banho grandes. Junte 1/2 copo de detergente e 1/2 copo de bicarbonato de sódio. Ajuste o *timer* para um programa completo com água morna. No momento em que for enxaguar, junte um copo de vinagre e não deixe a lavadora centrifugar. Coloque as cortinas no lugar e não se preocupe se aparecerem algumas rugas, pois elas desaparecerão quando a cortina secar.

Para lavar as cortinas, utilize um produto para roupas delicadas, tire as manchas de umidade com um pouco de sabão e, se a cortina for de cores claras, acabe de limpá-la com um pouco de vinagre ou sumo de limão.

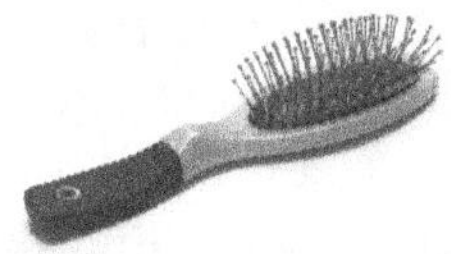

Escovas de cabelo

Limpe as cerdas e pelos das escovas banhando-os por 30 minutos em água quente com amoníaco na proporção 10/1. Não utilize esse procedimento se o cabo for de madeira.

Para eliminar a sujeira das escovas de cabelo, cubra as cerdas com creme de barbear. Deixe que atue por 30 minutos e, em seguida, lave-as com bastante água.

Pias

Para limpar pias, despeje vinagre e deixe descansar durante a noite, enxaguando pela manhã.
Para limpar as áreas de difícil acesso, como ao redor da saboneteira, das torneiras e dos ralos, use uma escova de dentes.

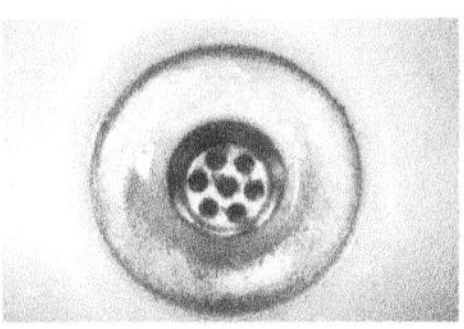

Ralos

Para polir ralos, utilize um pano úmido e sabão em pó. Esfregue principalmente seu interior e as áreas mais engorduradas. Depois, é só enxaguar.

Sabonetes

Para eliminar os restos de sabonetes, misture água oxigenada com um pouco de bicarbonato.

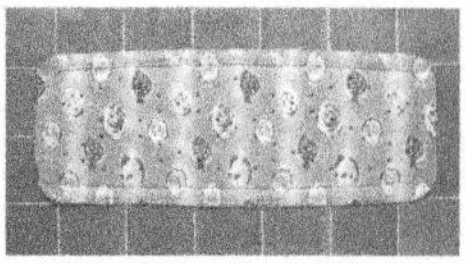

Tapetes de borracha

Para limpar tapetes de borracha, prepare uma mistura de água e vinagre branco em partes iguais; depois, esfregue a solução no tapete com um pano limpo.

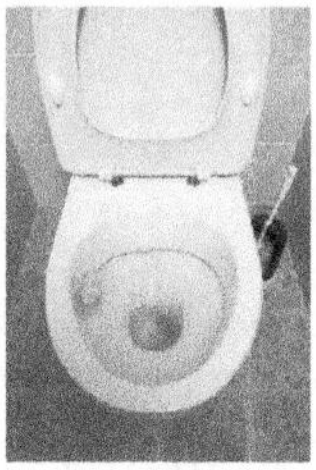

Vasos sanitários

Para limpar o vaso sanitário, aplique uma pasta preparada com bórax e suco de limão e deixe por duas horas. Depois, esfregue com uma escova ou uma lixa de água, caso a mancha seja muito antiga. Para dar brilho ao vaso sanitário, lave-o bem e passe um pano empapado em vinagre quente diluído em água.

CUIDADOS

Banheiras

A água é uma grande condutora de eletricidade. Por isso, quando estiver na banheira ou no chuveiro, não utilize o telefone, o secador de cabelo, o rádio etc., pois, se o aparelho estiver com algum defeito no isolamento, você pode ser eletrocutado.

Nunca deixe qualquer aparelho elétrico ligado quando entrar na banheira. Ao sair, enxugue-se bem, principalmente pés e mãos, e pise num tapetinho (melhor se for emborrachado) antes de ligar o secador.

Chuveiros e aquecedores a gás

Para instalar chuveiros ou aquecedores a gás, nunca recorra a leigos, e sim a técnicos credenciados e que tenham licença exigida por lei. Certifique-se de que o local de instalação dos aparelhos seja bem ventilado.

DICAS

Creme dental

Se você perdeu a tampa do tubo de seu creme dental e não quer que ele resseque, coloque o tubo de boca para baixo dentro de um copo com um pouco de água.

Decoração

Em vez de manter vários frascos pequenos de perfumes e objetos pessoais no balcão do banheiro, coloque-os num cesto decorativo ou numa bandeja. Sabonetinhos coloridos, porta-escovas e até uma lata de lixo charmosa podem deixar seu banheiro com mais estilo.

Escovas

Para que as cerdas de uma escova recuperem sua dureza, mergulhe-as em uma mistura de água oxigenada e água (60 g a cada litro).

Espelhos

Para evitar que o espelho embace na hora do banho, passe um pano molhado em álcool 90° antes de abrir a ducha.

Para dar um bom aspecto a espelhos embaçados, limpe-os com água quente, álcool e amoníaco.

Para que o espelho não embace, esfregue-o com um sabão em pedra seco e depois limpe com um pano macio. Faça isso uma vez por semana.

Outra opção é jogar algumas gotas de xampu e deixar que sequem.

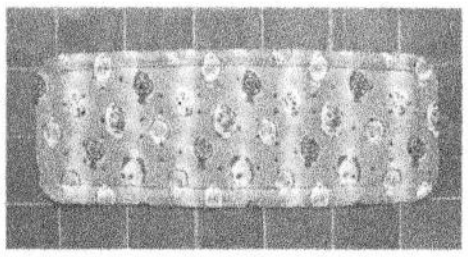

Tapetes de borracha

Se o tapete de borracha endureceu, deixe-o de molho por 48 horas em uma solução de água com amoníaco.

BIBLIOTECA / ESCRITÓRIO

CUIDADOS

Livros

Para tirar a umidade das folhas de um livro, polvilhe talco nelas e feche o livro, colocando-o entre outros dois livros maiores e mais pesados. Espere alguns dias, até que o talco absorva toda a umidade, e depois remova o talco com o auxílio de um aspirador de pó.

Para impedir que o bolor ataque os livros, pulverize antissépticos e perfumes (essência de alfazema, terebintina e cânfora, por exemplo) sobre eles, tanto no papel como no couro das capas.

Para proteger seus livros contra traças, basta colocar algumas bolinhas de naftalina nas estantes.

ÁREA DE SERVIÇO

DICAS

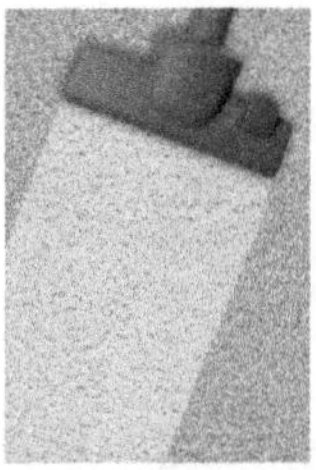

Aspirador de pó

Para remover gordura do tubo plástico do aspirador de pó, regue-o com água quente.

Para desobstruir o tubo do aspirador de pó, tente conectá-lo ao contrário, pois uma aspiração inversa costuma ser efetiva.

Se o tubo do aspirador estiver soltando ar por algum furo ou rachadura, passe uma fita adesiva.

Para obter o máximo de sucção de seu aspirador, troque o saco de tempos em tempos.

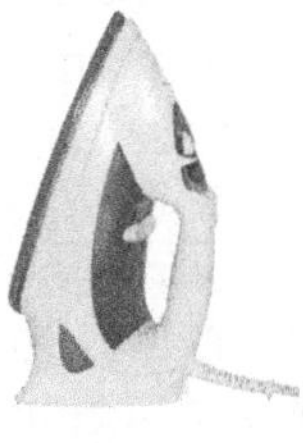

Ferro de passar roupas

Para limpar a base do ferro de passar roupas, com ele desligado da tomada e frio, limpe-a com um pano umedecido em água e detergente neutro. Seque-a com um pano macio e, então, passe um pouco de cera incolor para automóveis, enxugando logo em seguida com um pano seco.

Para remover manchas da base do ferro, utilize uma solução de vinagre e sal aquecidos.

Para limpar a base do ferro, espalhe sobre um papel ou uma tira de pano uma porção de sal de cozinha e esfregue o ferro. Depois, passe sobre a base um pouco de raspa de velas ou de parafina.

Para limpar ferros a vapor, passe uma lixa bem fina, delicadamente, na base. Depois, passe um pano limpo e macio.

Quando o cabo do ferro de passar roupas apresentar sinais de desgaste, substitua-o por um novo.

Para encher o reservatório de água, primeiro desligue o ferro a vapor da tomada.

Após utilizar o ferro a vapor, esvazie o reservatório de água.

Antes de encher o reservatório de água dos ferros a vapor, leia as instruções, pois alguns modelos exigem água destilada.

Em ferros a vapor, recomenda-se utilizar água filtrada.

Se precisar interromper o serviço, desligue o ferro da tomada.

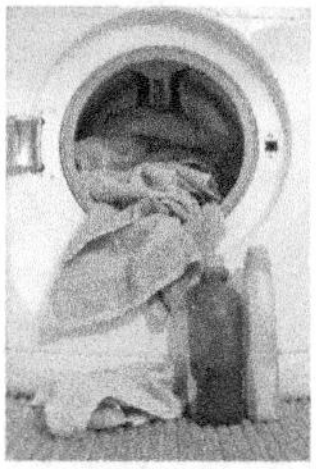

Lavadora de roupas

Se sua lavadora de roupas começar a apresentar pequenos defeitos, antes de chamar a assistência técnica, experimente colocar a lavadora em movimento com 4 litros de vinagre, sem roupas dentro dela. O vinagre irá remover todos os resíduos de sabão ou de sujeira que se acumulam nos cantinhos mais escondidos e que podem ser a causa do mau funcionamento do aparelho.

De tempos em tempos, passe um pano úmido em toda a lavadora de roupas.

A quantidade de roupas a ser colocada na lavadora não deve exceder a recomendação do fabricante. Além de danificar o aparelho, o excesso de peças aumenta o atrito entre as roupas, podendo causar o desbotamento e desgaste do tecido.

Não despeje o sabão ou o amaciante diretamente sobre as roupas. Dissolva os produtos em um recipiente com água ou na água da lavadora, deixando-a funcionar por 1 minuto antes de colocar a roupa. Isso ajuda a evitar manchas e desbotamentos.

Evite colocar peças dobradas na lavadora, pois as dobras sofrem maior atrito, aumentando o desgaste e o desbotamento do tecido.

Para economizar tempo e energia elétrica, aproveite a capacidade máxima da lavadora, mas não misture roupas claras e escuras apenas para enchê-la.

Para melhorar a circulação das roupas na lavadora, misture peças grandes e pequenas e distribua-as uniformemente ao redor do agitador.

Ajuste a temperatura, o nível da água e o ciclo de acordo com os tipos de tecidos que estão sendo lavados e a quantidade de sujeira. Não esqueça de que quanto menor a temperatura da lavagem, maior a durabilidade das roupas.

Não utilize a lavadora de roupas para lavar peças de tecido algodão/poliéster com 100% de algodão, pois o atrito entre esses tecidos provoca a formação de bolinhas.

Panos

Para que os panos utilizados para eliminar o pó de móveis absorvam melhor a poeira, lave-os com água morna e algumas gotas de glicerina.

CHURRASQUEIRA

LIMPEZA

Para limpar melhor as grelhas de uma churrasqueira, utilize o mesmo produto usado para limpar vidros, enquanto elas ainda estiverem quentes.

Para remover mais facilmente gordura e restos de carne de grelhas e espetos, envolva-os, ainda quentes, em folhas de jornal úmidas.

Cuidados

Instale churrasqueiras portáteis em um local isolado e comprove sua estabilidade e o bloqueio das rodas, se houver.

Para acender a churrasqueira, não utilize álcool líquido, querosene nem gasolina, e sim jornal e álcool sólido ou gel.

Mantenha crianças longe da churrasqueira e tenha sempre um balde de água ou uma mangueira por perto.

Para apagar a churrasqueira, jogue sobre as brasas um punhado de sal.

JARDIM E QUINTAL

Mangueiras

Para conservar a mangueira depois de cada uso, guarde-a enrolada, sem água dentro e longe do sol.

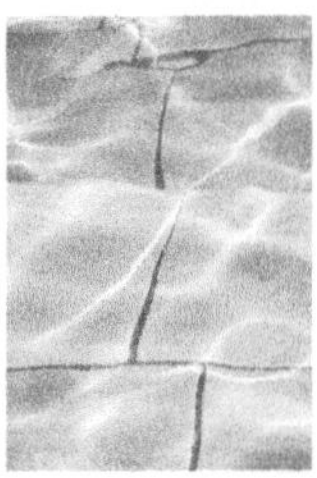

Piscinas

Antes de guardar a piscina de plástico, lave-a bem, tire toda a água e seque bem, principalmente as juntas. Depois, passe talco, dobre e guarde.

Uma piscina necessita de cuidado e manutenção para que se conserve em perfeitas condições de higiene e limpeza, pois está sujeita a uma série de microrganismos e bactérias. O pó, o pólen, o suor e os restos de bronzeadores e cremes são difíceis de eliminar pelos processos normais de filtração. Há alguns produtos que fazem a desinfecção, mas há também uma série de impurezas que não são destruídas. Por isso, é necessário pesquisar o pH da piscina periodicamente e efetuar os ajustes necessários para que ela apresente um pH entre 7,22 e 7,6. Para que haja uma perfeita distribuição do produto, deixe o sistema de filtragem em funcionamento por 9 horas.

Pisos

Para limpar o chão do seu quintal, misture 4 litros de água morna, 1/2 copo de sabão líquido, 1/4 de copo de bicarbonato de sódio e 1/4 de copo de vinagre branco.

Plantas

Para que as folhas de suas plantas adquiram um brilho especial, passe nelas um algodão umedecido em cerveja preta.

Se você tiver lareira em casa, jogue as cinzas na terra do seu jardim, pois elas são um excelente adubo para as plantas.

ANIMAIS

Cães e gatos

Para impedir que cães e gatos destrocem os pelos, fios ou piaçabas das vassouras, perfume-as com algumas gotas de amoníaco.

Pássaros

Mantenha os pássaros fora da cozinha, pois o sistema respiratório deles é sensível a fumaças e vapores produzidos pelo aquecimento de superfícies antiaderentes.

Gaiolas

Para tirar o mau cheiro de gaiolas, basta espalhar no fundo delas uma camada de sulfato de cal e, depois, cobrir com um pouco de areia.

CARROS

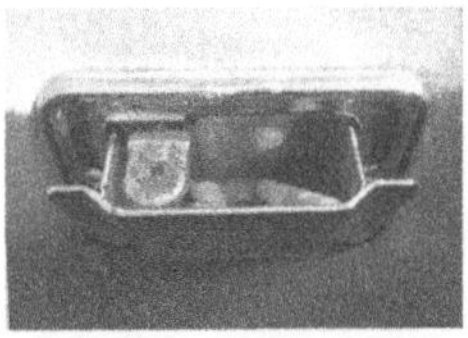

Cinzeiros

Para tirar o cheiro de cigarro, coloque um pouco de bicarbonato de sódio no cinzeiro do carro.

Vidros e faróis

Para lavar os vidros e faróis de seu carro, utilize água misturada com um pouco de bicarbonato de sódio. Para remover a cola de adesivos em vidros, use um pano com vinagre branco.

VIAGEM

Avião

Para que seus ouvidos não doam durante uma viagem de avião, masque um chiclete durante o voo.

Fechando a casa

Antes de viajar, feche todos os registros de água da sua casa, pois, se ocorrer algum vazamento, você não terá problemas.

Desligue da tomada todos os aparelhos elétricos e eletrônicos.

Limpe e seque sua geladeira. Depois, deixe o termostato no mínimo, para economizar energia.

Faça uma limpeza geral e guarde o que for possível dentro de armários.

Cubra seus móveis para impedir que eles fiquem empoeirados.

Limpe bem os banheiros, coloque um pouco de desinfetante dentro dos vasos sanitários e feche os tampos.

Para evitar o aparecimento de traças e outros insetos, passe inseticida nos cantinhos escuros dos armários e cômodas.

Verifique se todas as janelas e portas estão trancadas, principalmente se você mora numa casa com áreas externas.

Peça a alguém de confiança que recolha a correspondência e jornais entregues durante sua ausência.

OBJETOS

DICAS

Árvores de Natal

Para conseguir que sua árvore de Natal se mantenha bem vertical e não corra o perigo de cair, mantenha-a enfiada num pequeno pedestal de cimento (pintado por fora) ou dentro de um latão acimentado.

Para manter sua árvore de Natal estável, amarre um fio de náilon no tronco (na altura do meio) e fixe-o na parede mais próxima.

Se a árvore for natural, mergulhe sua base em água morna antes de montá-la. Em seguida, passe um pouco de laca ou verniz, para reter a umidade.

Para que sua árvore natural dure mais, ponha-a num latão cheio de areia úmida e regue-a de vez em quando.

Se desejar colocar velas verdadeiras em sua árvore de Natal, ao acendê-las, não o faça de qualquer jeito. Comece sempre pelo alto e vá abaixando e, quando for apagá-las, siga exatamente pela ordem inversa, ou seja, comece pela parte inferior e vá subindo até o topo. Dessa forma, você evitará que sua roupa entre em contato com alguma chama.

Para enfeitar uma árvore de Natal de forma diferente, você pode usar frutas, como uvas, por exemplo. Pinte-as com esmalte branco ou prata. Depois, é só pendurar. Utilize também pinhas envernizadas, douradas ou coloridas.

Bolsas de água quente

Para que as paredes de sua bolsa de água quente não fiquem grudadas, guarde-a com um pouco de ar dentro.

Para conservar melhor o calor das bolsas de água quente, misture um pouco de sal na água.

Para aumentar a durabilidade de sua bolsa de água quente, não a encha com mais de 80% de sua capacidade.

CDs

Para eliminar riscos de um CD, limpe-o com creme dental e, depois, lave-o com água.

Chaves

Para eliminar a oxidação das chaves, mergulhe-as em refrigerante de cola e deixe-as de molho por 24 horas. Se ainda houver restos, repita o procedimento.

Se você estiver tendo dificuldades para abrir a porta, passe um pouco de vaselina na chave, introduza-a na fechadura e gire-a muitas vezes. Repita a operação até que a vaselina tenha penetrado em todas as partes da fechadura.

Cortiça

Para que os objetos de cortiça fiquem impecáveis, passe uma escova molhada em água quente com sabão branco e deixe secar.

Para cortar uma cortiça sem que ela se desfaça, molhe na água a faca que usará no corte.

Couro

Para deixar seus objetos de couro sempre novos, passe regularmente uma demão de vaselina ou lanolina, de modo que o produto penetre profundamente no couro.

Para recuperar a elasticidade de um artigo de couro liso que esteja endurecido, passe sobre ele um pouco de óleo de rícino.

Etiquetas

Para remover etiquetas de caixas de papelão sem deixar marcas, aqueça-as rapidamente com um secador de cabelos.

Ferramentas

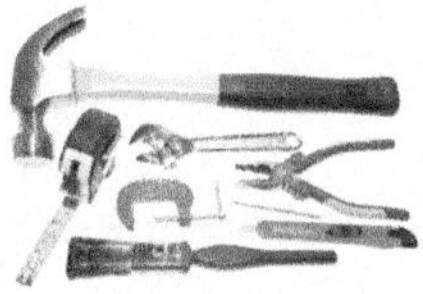

Para as ferramentas não oxidarem, guarde-as num saco plástico e coloque junto um punhado de arroz ou alguns pedaços de giz.

Frascos

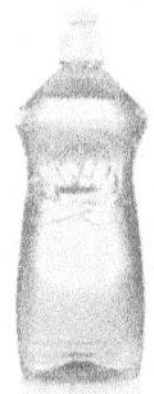

Para evitar acidentes, não guarde frascos que contenham substâncias perigosas em locais ao alcance de crianças. Além disso, é necessário que eles sejam bem rotulados, com etiqueta descrevendo sua composição.

Lâminas

Para manter uma lâmina afiada, logo após o uso, lave-a e guarde-a num recipiente com álcool.

Pacotes

Para que o nó de uma corda de náilon não lasseie, esquente-o, para que suas fibras se fundam.

Para costurar panos grossos ou atar pacotes pesados, antes de usar o fio de barbante, molhe-o em querosene, assim ele ficará mais resistente.

Pincéis e brochas

Para que as cerdas de brochas e pincéis não se abram muito, passe um elástico antes de guardá-los.
Para limpar pincéis sujos de tinta à base de solvente, deixe-os de molho em vinagre. Depois, ferva-os por alguns minutos em água com sabão.

Termômetros

Para tirar o mau cheiro dos termômetros, lave-os com uma solução de bicarbonato de sódio.

Velas

Para que as velas queimem mais lentamente e soltem menos pingos, coloque-as no congelador por 1 hora e meia antes de usá-las.

Para que as velas aromatizadas desprendam mais fragrância, deixe-as na geladeira um pouco antes de usá-las.

Para prolongar a vida das velas, coloque um pouco de sal na base da chama.

Para limpar velas decorativas, utilize um pano molhado em álcool.

Para facilitar a remoção dos resíduos de velas do castiçal, coloque um pouco de sal dentro dele.

LIMPEZA

Baralho

Para limpar cartas de baralho, utilize um algodão umedecido com água, sabão e um pouco de bicarbonato.

Ou coloque as cartas sobre uma toalha grande, polvilhando cada uma delas com talco dos dois lados. Depois, cubra-as com outra toalha, esfregando-as por fora.

Outra opção: passe nas cartas um algodão molhado com álcool e cânfora.

Conchas

Para ressaltar as cores originais das conchas, lave-as com óleo mineral ou parafina.

Chiclete

Para remover chiclete de tapetes, use acetona.

Para remover chiclete do cabelo, umedeça-o com refrigerante à base de cola por alguns minutos e depois penteie-o. Ou coloque um pouco de azeite ou manteiga em um algodão e esfregue no cabelo até conseguir desgrudar a goma. Depois, é só lavar com xampu.

Outra opção é passar filtro solar na mecha.

Para remover chiclete de roupas, pegue um cubo de gelo, coloque sobre a goma e envolva-os como se fosse um saquinho, com a própria roupa. O frio fará o chiclete endurecer e, então, você poderá tirá-lo com a unha. Se restar algum resquício, ele desaparecerá se você passar um pouquinho de aguarrás.

Discos

Para limpar discos de vinil, utilize uma esponja molhada numa mistura de água e sabonete para bebês e deixe-os secar por 24 horas.

Escovas de roupa

Para lavar suas escovas de roupa, utilize água quente e sabão, evitando molhar a madeira. Passe-as na água limpa, mexendo as cerdas até limpar bem o sabão. Deixe escorrer e seque-as ao contrário, penteando suas cerdas para que não percam a forma. Faça isso regularmente.

Esteiras de praia

Para lavar esteiras de palha, mergulhe-as em água salgada, esfregue-as com uma esponja e deixe-as secar ao ar livre.

Fotografias

Para limpar fotografias sujas, utilize algodão umedecido em álcool.

Pianos

Se as teclas de marfim do piano amarelarem, lave-as com uma solução de 30 gramas de ácido nítrico e 300 ml de água.

Para limpar as teclas, utilize uma mistura de sal e suco de limão. Depois, passe um pano com água fria e seque-as com cuidado.

Você também pode utilizar um pano embebido em álcool.

LIMPEZA DE METAIS

Aço

Para limpar peças de aço, esfregue-as com uma esponja molhada em água e sabão comum e enxugue-as.

Para limpar móveis de aço que estejam oxidados, escove-os fortemente com aguarrás.

Para recuperar o brilho de peças de inox, limpe-as com água mineral com gás e deixe agir por alguns minutos. Depois, enxugue-as com um pano macio.

Alumínio

Para limpar peças de alumínio, deixe-as de molho durante 30 segundos numa solução de água quente, 2 colheres (sopa) de sal e 1 colher (café) de bicarbonato de sódio para 1 litro de água. Depois, é só lavar e secar.

Para dar brilho às peças de alumínio, misture algumas gotas de azeite em álcool 90°, umedeça um pano com a solução e aplique nas peças.

Bronze

Para limpar objetos de bronze, misture 1 colher (sopa) de suco de limão, 1 colher (sopa) de amoníaco e 3 colheres (sopa) de água. Aplique com um pano ou uma escova de dente, mas nunca mergulhe a peça nessa solução. Se preferir, utilize uma escova embebida em suco de limão ou vinagre. Em seguida, enxugue e deixe secar ao sol.

Para dar brilho, limpe-os com um pano umedecido em um pouco de óleo vegetal.

Para remover manchas antigas, deixe-os de molho por alguns dias no azeite.

Para retardar a aparição do limo em peças de bronze ou de cobre, esfregue-as com uma flanela. Em seguida, passe óleo de linhaça ou parafina.

Cobre

Para dar um brilho duradouro a seus objetos de cobre e latão, exponha-os ao sol durante um dia inteiro.

Para recuperar o brilho original das peças, limpe-as com uma pasta composta por vinagre, sal e farinha de milho. Em seguida, passe água fria e enxugue-as com uma flanela.

Para limpar, mergulhe o objeto numa solução de vinagre e sal grosso. Depois, lave-o com muita água e, para dar brilho, passe uma flanela.

Para limpar objetos de cobre muito sujos, banhe-os em uma solução composta por 1/2 copo de sabão líquido em 1 litro de água fervendo.

Para proteger seus objetos dos tons escuros, passe uma camada de verniz incolor como proteção. Antes disso, limpe-os com álcool. Se um dia quiser tirar essa proteção, basta passar um dissolvente à base de acetona.

Para limpar peças mais delicadas, aplique um produto desoxidante com a ajuda de uma esponja ou pincel. Deixe o produto agir por algum tempo e, depois, lave-o com bastante água.

Estanho

Para dar brilho a objetos de estanho, limpe-os com um pano umedecido em gasolina. Depois, passe cerveja quente.

Latão

Para limpar peças de latão, use um pano com algumas gotas de azeite. Enxugue com um pano de lã, fazendo bastante pressão.

Objetos cromados

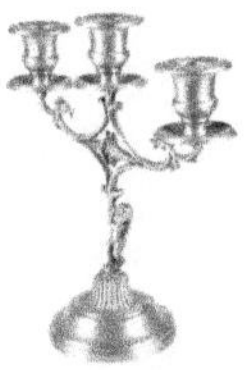

Para que objetos cromados fiquem limpos e brilhantes, passe um pano umedecido em água e amoníaco.

Para limpar os objetos, utilize um pano molhado com refrigerante de cola. Em seguida, dê brilho com uma flanela seca.

Para impedir que peças cromadas descorem e oxidem por causa da umidade, passe vaselina de vez em quando, lavando depois com água quente. Em seguida, seque e dê brilho com uma flanela.

Para lavar objetos cromados, utilize água e sabão.

Objetos metálicos em geral

Para dar brilho a objetos metálicos em geral, passe um pano com borra de café e, depois, uma flanela.

As peças douradas formam uma película que tira seu brilho. Para removê-la, esprema uma cebola e, com o sumo, empape um pincel e aplique-o sobre o objeto. Deixe agir por uma hora e, quando o sumo ficar seco, passe um pano macio para dar brilho.

Para limpar as peças de metal dourado, passe um pano para tirar o pó e, em seguida, use um pano de lã com um pouco de azeite de oliva.

Se as peças de metal estiverem muito escuras, passe mel nelas e deixe que atue por pelo menos uma hora. Depois, enxágue com água morna.

Prata

Para dar brilho às peças de prata, use pó de giz misturado com álcool.

Para limpá-las, mergulhe-as numa solução de água fervente com sal e deixe agir por 5 minutos. Depois, lave-as em água corrente com sabão de coco.

LIMPEZA DE PEDRAS

Ardósia

Para manter seu chão de ardósia impecável, não utilize detergentes para limpá-lo. Basta esfregá-lo com uma escova ou vassoura molhada em água e deixá-lo secar.

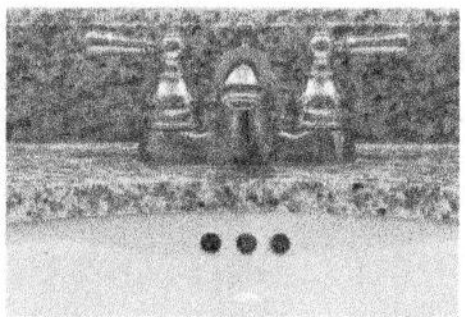

Mármore

Para limpar mármore, use água oxigenada de 10 volumes.

Para limpar mesas e objetos, utilize um chumaço de algodão impregnado de talco.

Para limpar pias de mármore encardido, esfregue a superfície com uma escova de cerdas bem duras cheia de sal.

Para recuperar o brilho do tampo de mármore de seu banheiro ou cozinha, aplique uma camada de vaselina na superfície e deixe agir durante a noite. Pela manhã, basta polir com um pano.

MANUTENÇÃO DA CASA

Azulejos

Para recuperar a cor dos azulejos, aplique sobre eles uma mistura de óleo de linhaça com aguarrás. Para evitar a formação de limo e o acúmulo de sujeira nos rejuntes, utilize impermeabilizantes.

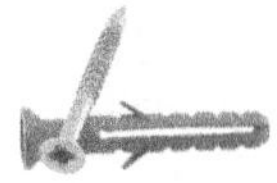

Buchas

Para retirar buchas antigas da parede, utilize a ponta de um saca-rolhas.

Cimento

Para remover restos de cimento do chão, basta aplicar vinagre quente e, depois, passar uma escova de cerdas naturais.

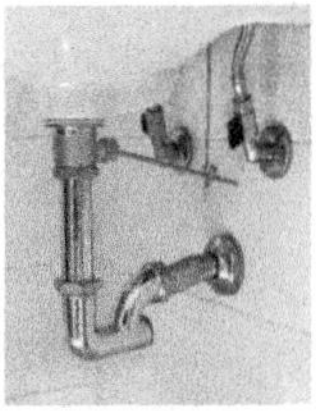

Entupimento de canos

Para limpar os canos e evitar entupimentos, use 1/2 xícara de bicarbonato de sódio e, em seguida, jogue uma xícara de vinagre. Quando a espuma diminuir, enxágue o cano com água quente.

Entupimento de ralos

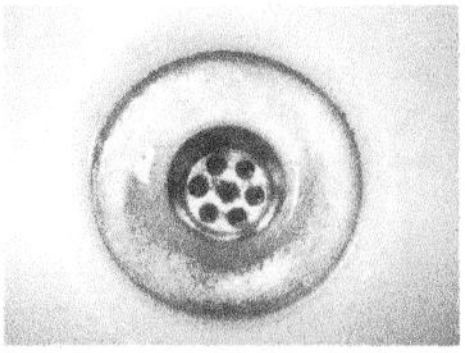

Para desentupir ralos, jogue 1 xícara de sal e 1 xícara de bicarbonato de sódio. Em seguida, deixe correr bastante água quente.

Para evitar entupimentos no ralo da pia, despeje periodicamente 1/2 xícara de bicarbonato de sódio seguido de água quente.

Entupimento de vasos sanitários

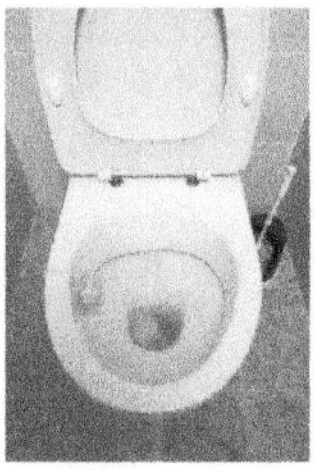

Para desentupir o vaso sanitário, dissolva 100 gramas de bicarbonato de sódio em 1 litro de água quente e jogue dentro dele.

Eletricidade

Se uma tomada apresentar problemas, substitua-a em vez de fazer consertos improvisados.

Para evitar a sobrecarga do sistema elétrico, superaquecimento e um possível incêndio, não ligue diversos aparelhos em uma só tomada.

Fechaduras

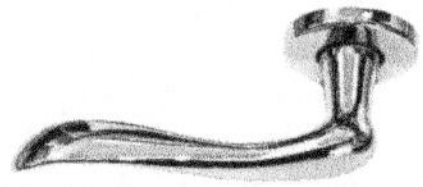

Para abrir uma fechadura enguiçada, aqueça a chave com fósforo e vire-a devagar, sem forçá-la.

Infiltrações

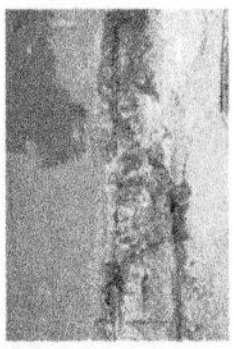

Para evitar infiltrações, faça revisões constantes nos telhados e coberturas de áreas externas.

Ao constatar uma goteira no teto de sua casa, uma infiltração pela laje ou mofo no teto, comuns em épocas de chuvas, o primeiro passo é descobrir a origem do problema, que geralmente é relacionado ao telhado.

Se você perceber que o teto está ficando encurvado por causa de uma grande quantidade de água, colocando sua segurança em perigo, convém tomar uma providência urgente, como acionar o corpo de bombeiros. Se possível, recomenda-se tirar os móveis do local.

Lubrificação

Para lubrificar janelas que não correm e portas de móveis que se abrem com dificuldade, utilize um pouco de parafina. As janelas emperram quando o caixilho e a corrediça ficam muito unidos ou em razão da dilatação da madeira provocada pelo calor. Espere por um dia seco e aplique a parafina com uma escova, de modo a introduzi-la entre o caixilho e a corrediça. Para as portas, utilize o mesmo sistema. A parafina não apenas lubrifica como também evita que se acumule umidade nos locais em que é aplicada.

Para as portas não rangerem, unte suas dobradiças com sabão.

Se as portas de correr estiverem emperradas, esfregue um pouco de cera ou parafina nos trilhos.

Se uma porta chia ou gira com dificuldade, o ideal é untar as dobradiças com algumas gotas de azeite ou passar pó de grafite nelas.

Lubrificação de gavetas

Se as gavetas estão difíceis de puxar, esfregue uma vela onde corre a gaveta.

Para lubrificar gavetas, aplique nos trilhos deslizantes, com um pano, uma boa quantidade de cera de chão incolor (em pasta) ou parafina, retire o excesso e recoloque a gaveta no lugar.

Móveis de madeira

Para recuperar móveis escuro riscados ou com buracos, misture borra de café com um pouco de massa de vidro, aplique sobre a madeira e, por fim, alise bem. Se a madeira for clara, misture a massa de vidro com farinha de milho.

Para remover a resina impregnada dos móveis de pinus, use álcool etílico 46%.

Parafusos

Para que buracos de parafuso em madeira que estiverem gastos voltem a ficar firmes, passe cola com um palito de fósforo. Deixe a cola secar e, depois, aperte o parafuso.

Para deixar os parafusos imantados, mantenha um ímã dentro da caixa de parafusos. Depois de um tempo, eles se magnetizarão e se fixarão na chave de fenda.

Para liberar a volta de um parafuso, aqueça a ponta de uma chave de fenda até que ela fique vermelha e pressione por 2 ou 3 minutos na cabeça do parafuso, que irá girar livremente.

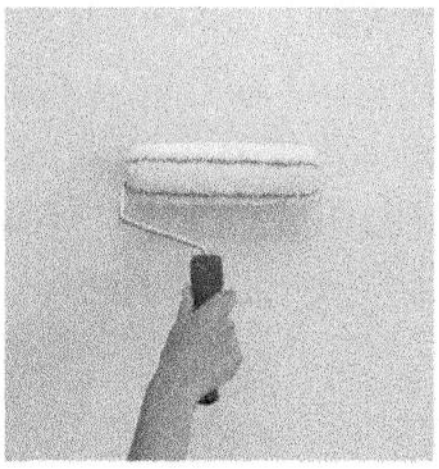

Paredes

Se ficar um buraco na parede de onde você tirou um quadro, misture quantidades iguais de sal e amido, com água suficiente para fazer uma pasta. Aplique a pasta no local.

Para tirar riscos de caneta esferográfica do papel de parede, passe, suavemente, um pouco de acetona.

Para livrar paredes e muros de pichações, utilize uma lixa grossa com areia.

Pinturas

Para evitar que escadas cimentadas fiquem muito escorregadias, antes de pintá-las, misture a tinta com um pouco de areia. Assim, a superfície se torna mais áspera e ninguém vai escorregar.

Para pintar paredes, pinte os cantos com pincel chato e largo e use o rolo nas áreas centrais.

Para proteger os vidros das janelas contra respingos de tinta, antes de pintar os batentes, esfregue os vidros com uma cebola cortada.

Para remover manchas de tinta de vidros, utilize vinagre quente.

Vazamentos

Se o encanamento está furado ou rachado, enquanto o técnico não chega, feche o registro geral. Faça uma pasta espessa de sabão e sapólio em pó. Cubra a rachadura ou furo com essa pasta e reforce com um pedaço de tecido preso por uma fita isolante.

Vazamento em torneiras

As torneiras de gotejamento lento desperdiçam 400 litros de água por mês, enquanto as de gotejamento rápido gastam 1.000 litros. As torneiras abertas, que ficam com um filete constante de água, desperdiçam cerca de 6.500 litros por mês. Portanto, se sua conta de água encarecer de repente, fique de olho nos vazamentos. As torneiras e descargas no banheiro podem ser as principais causas dessa mudança.

Vazamento em vasos sanitários

Para descobrir se há vazamento no vaso sanitário, jogue cinzas de cigarro no vaso. Se elas ficarem paradas no fundo, não há vazamento. Se as cinzas sumirem, é sinal de que há vazamento na válvula ou na caixa de descarga. Nesse caso, é preciso substituir a válvula.

A MELHOR ESCOLHA

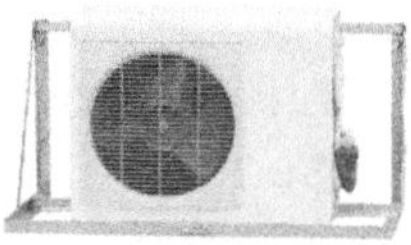

Ar-condicionado

Para escolher o melhor aparelho de ar-condicionado é preciso considerar fatores como: dimensões do local, exposição ao sol, portas, janelas ou vãos permanentemente abertos, quantidade de pessoas e a potência dos equipamentos.

Aparelhos de ar-condicionado para janela ou parede, os quais renovam continuamente o ar fresco, são os modelos mais utilizados e mais baratos.

Aparelhos de ar-condicionado portáteis são práticos, servem para diferentes tipos de ambientes e apresentam custo zero de instalação. Assegurando a renovação do ar, esse modelo expele o ar quente para fora do ambiente e traz o ar frio para o interior.

Os aparelhos de ar-condicionado do tipo *split*, cada vez mais populares, têm como vantagem a facilidade na instalação em apartamentos, pois o condensador de ar pode ficar nas sacadas, com a tubulação passando pela janela (o que não altera as características do prédio ou da casa). Outra vantagem desse modelo é o silêncio, já que o condensador fica do lado de fora do ambiente.

Todos os modelos atuais de ar-condicionado apresentam diferenciais, como o *timer*, comando que desliga automaticamente o aparelho no tempo programado. Há também os aparelhos com dispositivo antirruído, odorizador, umidificador e purificador de ar – este, de acordo com os fabricantes, retira 99% das impurezas do ar.

Cafeteira

Se você deseja uma cafeteira que seja rápida na preparação do café, compre algum modelo com potência superior a 900 watts.

Além disso, escolha um modelo que tenha um depósito de água cujo nível seja facilmente visível e um porta-filtros desmontável, o que facilita a limpeza.

Eletrodomésticos

Ao comprar um eletrodoméstico, leia sempre o manual antes de usá-lo. Assim, você conhecerá todas as suas funções e irá obter melhor desempenho do aparelho.

Antes de comprar um eletrodoméstico, verifique se ele pode ser desmontado para ser limpo e dê preferência aos modelos que disponham de um compartimento para guardar o cabo ou que tenham o cabo retrátil.

Ferro de passar roupas

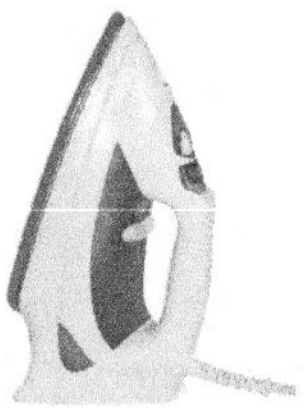

Ao adquirir um ferro de passar roupas, opte por um modelo que seja fácil de limpar e que conte com um termostato prático e fácil de utilizar, com várias opções de níveis de temperatura para os diversos tipos de tecidos.

Alguns modelos de ferros de passar roupas têm uma base com revestimento antiaderente, o que permite melhor limpeza e resistência a riscos.

Fritadeira elétrica

Ao comprar uma fritadeira elétrica, verifique seu rendimento, segurança, manutenção, preço e tamanho. Analise o termostato, o qual deve regular a temperatura do óleo com rápida recuperação de calor assim que forem colocados os alimentos a serem fritos. Verifique, ainda, o sistema de filtro e retirada do óleo.

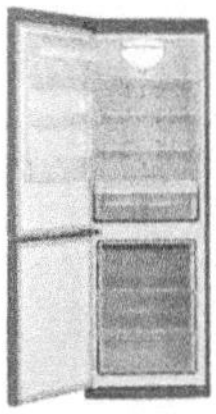

Geladeira

Ao comprar uma geladeira, leve em conta a quantidade de pessoas que moram em sua casa, pois recomendam-se de 50 a 80 litros por pessoa, ou seja, uma família de quatro pessoas, por exemplo, requer uma geladeira com capacidade entre 200 e 320 litros.

Panelas

Ao comprar panelas, dê preferência a peças avulsas em vez de jogos, pois assim você pode escolher aquelas que atendem melhor as suas necessidades.

Para preparar as refeições do dia a dia, as panelas de alumínio e de aço são boas alternativas.

Para preparar molhos delicados, dê preferência aos caldeirões, que são feitos de ferro ou estanho e aquecem e esfriam muito rapidamente.

Conhecer as propriedades de uma panela também é importante na hora de preparar um prato. Uma sopa de legumes, por exemplo, vai bem numa panela de cerâmica. Para fazer doce de leite, recomendam-se panelas de ferro ou de cobre. As panelas de barro ou de pedra-sabão são ótimas para cozinhar moquecas, feijoadas e comida mineira.

Ao adquirir panelas, é preciso atentar à procedência do produto. Uma panela de barro, por exemplo, se não for de boa qualidade, pode conter grande quantidade de metais pesados prejudiciais ao organismo, como o chumbo, o cádmio e o níquel. Panelas de alumínio liberam o metal, mas algumas empresas já produzem peças com liga de ferro e alumínio, o que elimina os perigos.

Para economizar tempo, dê preferência às panelas de inox, pois elas distribuem uniformemente o calor e cozinham os alimentos mais rapidamente, além de serem mais saudáveis, de fácil limpeza e apresentarem a melhor relação custo-benefício, graças à durabilidade e à resistência.

Ao comprar panelas de cerâmica refratária, evite aquelas que possuem desenhos em seu interior, pois a pintura pode conter óxidos de chumbo e cádmio. Essas panelas são indicadas para cozinhar sopas de legumes e creme e para esquentar alimentos, pois não deixam que queimem tão facilmente e não soltam resíduos. Elas podem ir ao freezer, ao fogão ou ao micro-ondas. Além disso, elas têm função decorativa, pois podem ir à mesa.

Ao adquirir panelas wok, opte pelos modelos com tampa e fabricados com aço laminado, que é bom condutor de calor. Mas elas oxidam com facilidade, principalmente se não forem utilizadas com frequência ou se não forem secas imediatamente após a lavagem.

Tábuas para alimentos

Ao comprar tábuas para alimentos, dê preferência às de vidro, pois não mancham, não retém odores, não criam ranhuras – portanto, não acumulam microrganismos. As tábuas de madeira ficam malcheirosas e retém bactérias nos sulcos, o que também ocorre com as tábuas de plástico, a menos que sejam substituidas periodicamente.

Utensílios de aço

Ao adquirir utensílios de cozinha, prefira aqueles feitos de aço inoxidável, pois ele é um bom condutor, não se deforma e não perde o brilho.

PRAGAS URBANAS

Aranhas

A aranha surge atraída pela presença de insetos na casa. Portanto, evite matá-las, pois elas ajudam na eliminação de moscas e pernilongos.

Baratas

Para evitar o aparecimento de baratas, depois de limpar os armários da cozinha, espalhe algumas folhas de louro neles.

Para eliminar baratas dos armários, coloque dentro deles um pires com 3 dentes de alho amassados e um pouco de sal.

Para eliminar baratas de sua casa, utilize um inseticida adequado, mas tome o cuidado de mudar de marca cada vez que um tubo acabar, pois isso evitará que elas se habituem a um produto.

Se não quiser utilizar inseticida, coloque, durante a noite, nos lugares onde as baratas costumam andar, cascas de pepino fresco. Repita essa operação por alguns dias seguidos.

Ou, ainda, coloque um punhado de canela em pau e cravo dentro de 1 litro de álcool. Deixe essa mistura descansando por 3 dias. Para usá-la, basta colocar em um borrifador e passar nos móveis e cantos da casa. Além de eliminar os insetos, ainda vai deixar um cheiro agradável na casa.

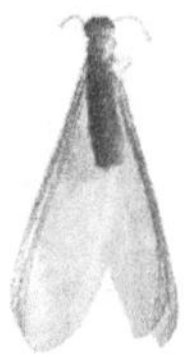

Cupins

Para saber se seu móvel foi atacado por cupins, coloque folhas de papel preto embaixo dele e deixe-as ali durante alguns dias. Se aparecerem montinhos de pó de madeira, compre um bom aerossol anticupim e injete-o em cada orifício existente. Depois, tampe-os com cera.

Formigas

As formigas domésticas são tão ou mais perigosas para a saúde que as baratas, pois têm a mesma capacidade de contaminar alimentos e ambientes. As bactérias encontradas nas formigas podem causar doenças no sistema gástrico, diarreias, vômitos, febre e até intoxicações alimentares. A principal forma de controle é a prevenção, que consiste na manutenção de um ambiente sempre limpo e a eliminação de pontos de entrada ou de abrigo.

Para afugentar as formigas, misture um pouco de álcool e aguarrás e jogue um pouco dessa solução no formigueiro.

Para espantar as formigas das tomadas, abra-as e coloque talco comum sem perfume no local.

Se o formigueiro estiver fora da casa, a dica é jogar detergente misturado com água quente.

Para acabar com as formigas que aparecem na pia e no armário, espalhe alguns cravos-da-índia. Isso irá funcionar por duas semanas.

Para espantar formigas, espalhe sal nos locais por onde elas costumam passar.

Para impedir o aparecimento de formigas em açucareiros, coloque alguns pedacinhos de casca de limão dentro deles.

Para que as formigas não entrem em casa, plante perto das portas de entrada um pé de hortelã e aplique, com uma seringa, álcool ou vinagre nas frestas pelas quais elas saem.

Para eliminar formigas, nunca use inseticidas aerossol, pois eles, em vez de exterminá-las, fragmentam as colônias e favorecem a criação de ninhos na casa.

Moscas

Para repelir moscas da cozinha, limpe a bancada ou a mesa com uma solução de água e vinagre branco e coloque folhas de hortelã no parapeito das janelas.

Para afugentar moscas, mantenha um galhinho de arruda seco sobre a mesa ou um vidro com essência de cravo nas janelas.

Para evitar que as moscas pousem na carne, é só colocar em cima uma cebola partida ao meio.

Mosquitos

Para evitar o ataque de mosquitos ao anoitecer, feche todas as janelas por volta das 17 horas

Para afugentar os mosquitos de banheiro, jogue desinfetante ou água sanitária no ralo.

Para espantar os mosquitos de casa, espalhe saquinhos cheios de canela por todos os cômodos.

Para impedir a entrada de mosquitos em casa, mantenha uma garrafa de vinagre na janela aberta.

O uso de equipamentos de ventilação artificial, como ventiladores, exaustores e ares-condicionados também afasta os mosquitos.

Utilize o aparelho repelente ligado à energia, mas substitua a pastilha por um pedaço da casca da laranja. É mais saudável e mais eficaz.

Pulgas

Para prevenir o aparecimento de pulgas, mantenha os ambientes sempre limpos, livres de pó, e bem ventilados.

Ratos

Se você encontrar um rato em sua casa, é provável que exista uma dúzia. Se as ratoeiras colocadas em pontos estratégicos não resolverem o problema, chame imediatamente uma empresa especializada em desratização.

Para afugentar os ratos, coloque alguns trapos ensopados em terebintina perto dos buracos por onde os roedores saem.

Outra opção: corte um ramo grosso de arruda, seque-o à sombra e pendure-o perto da porta por onde eles costumam entrar, principalmente na despensa ou na cozinha, onde os ratos buscam comida.

Traças

Para afastar traças, seque folhas de hortelã e alfazema, coloque-as em saquinhos de tecido e guarde-os entre as roupas, ou pendure dentro do armário uma meia fina com serragem de cedro ou pimenta-negra em grão.

Para evitar que traças ataquem as roupas de lã, mantenha dentro do armário algumas folhas de jornal.

Você também pode espalhar nas gavetas e prateleiras uma boa quantidade de pimenta-do-reino em grãos e naftalina. Quem não gosta do cheiro da naftalina pode optar por folhas de louro, que devem ser trocadas a cada 30 dias, ou por cravo-da-índia.

Paredes recém-pintadas atraem traças. Depois que sai do casulo, a traça morre facilmente com o uso de inseticida, mas no casulo ela fica mais resistente. Nesse caso, é necessário atingi-lo diretamente com inseticida.

Vespas

Para evitar que as vespas se aproximem, coloque 1/2 limão com alguns cravos espetados num pratinho.

DICAS

Banheiro

O vaso sanitário, sua tampa, a válvula e o botão de descarga são as peças que concentram mais bactérias; por isso, devem ser desinfetadas diariamente com água sanitária.

Troque a escova de dentes a cada 3 meses.

Cozinha

A cozinha é o cômodo que mais atrai insetos, germes e bactérias, por causa dos alimentos, da umidade e do calor. É importante, portanto, manter todas as superfícies limpas. Desinfete a esponja e o pano de pia com água sanitária e troque-os frequentemente. No dia a dia, enquanto cozinha, vá limpando, secando e arrumando. Tampe e armazene toda a comida.

Inseticidas

Ao comprar um inseticida, verifique se ele serve para o tipo de inseto que você pretende eliminar.

Leia atentamente o rótulo, principalmente o prazo de validade e as instruções de uso, dando preferência àqueles que apresentaram informações mais completas.

Dê preferência às embalagens cuja tampa conta com um dispositivo de travamento à prova de crianças.

Guarde inseticidas fora do alcance das crianças.

Antes de aplicar inseticidas, releia as instruções e tome os cuidados necessários.

Nunca aplique inseticidas na presença de outras pessoas ou animais.

Nunca aplique inseticidas em locais que serão ocupados por pessoas asmáticas ou com outras doenças respiratórias.

Depois de aplicar inseticidas, abra todas as janelas da casa e lave bem as mãos.

Se preferir uma aplicação de inseticida com um profissional especializado, a duração do produto em residências é de 6 meses. A aplicação dos produtos é rápida – dependendo da casa, em 30 minutos é possível desinsetizar o local, e, em 2 horas, a família pode voltar para casa, já que, depois de seco, o inseticida não faz mal algum. Para quem é alérgico, é possível usar o produto inodoro, mas o resultado não é o mesmo. O inseticida com cheiro desaloja o inseto e o inodoro só mata se o inseto sair do local e tiver contato com o produto. Por isso, até 3 dias ainda é possível ver baratas correndo pela casa.

Quarto

Sua cama pode estar cheia de ácaros (cerca de 2 milhões). Contra eles é necessário prevenir o acúmulo de pó, usar capas de proteção nos colchões, almofadas e travesseiros. Lavar e aspirar diariamente o chão e lavar os tecidos a mais de 55 °C pode ajudar.

ODORES

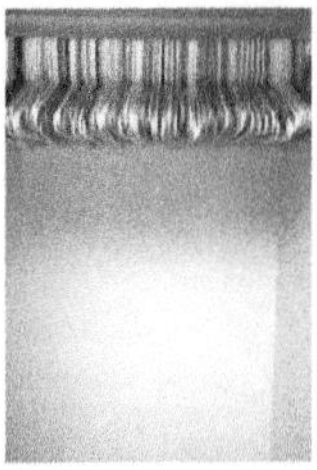

Armários

Para acabar com o mau cheiro dos armários, limpe-os bem e coloque dentro deles um copo de leite fervendo. Deixe-o no armário por 2 ou 3 horas até que esfrie.

Bacalhau

Para tirar o cheiro de bacalhau das mãos, esfregue-as com algumas gotas de vinagre ou limão. Depois, passe as mãos em água morna, antes de lavá-las.

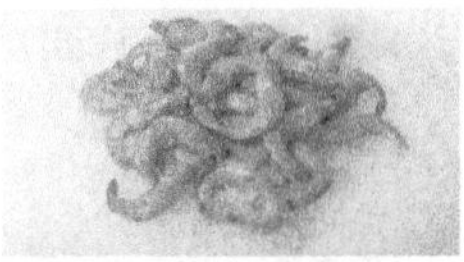

Camarão

Para tirar o cheiro de camarão cozido das mãos, mergulhe-as em água morna com suco de limão e esfregue um pouco uma na outra. Depois, lave-as normalmente com água e sabão.

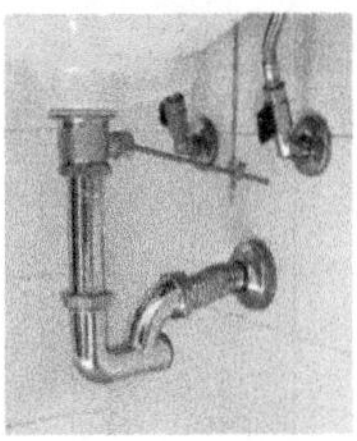

Canos

Para acabar com o mau cheiro dos canos, dissolva 1 colher de fermento químico em água, derrame no ralo e deixe agir durante a noite. Na manhã seguinte, jogue água fervendo no ralo.

Cebola e alho

Dicas para tirar o cheiro de alho e cebola das mãos: esfregue as mãos com açúcar e, em seguida, lave-as em água corrente.

Passe sal grosso nas mãos ainda secas e, em seguida, lave-as normalmente.

Esfregue as mãos com limão e, em seguida, lave-as.

Para tirar o cheiro de alho das mãos, basta deixá-las aproximadamente um minuto debaixo da água corrente, sem esfregá-las. Depois, seque-as delicadamente com um pano seco.

Passe uma colher ou faca de aço inox nas mãos em água corrente. Esfregue um pouco de vinagre branco nas mãos antes e depois de manipular as cebolas.

Para tirar o cheiro de cebola das facas e utensílios, esfregue sal neles e, em seguida, lave-os com água quente.

Chaleiras e cafeteiras

Para eliminar o mau cheiro de chaleiras e cafeteiras, lave-as com água quente e um pouco de bicarbonato de sódio.

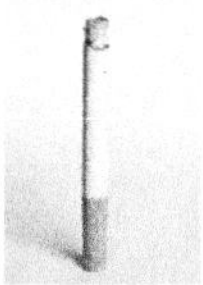

Cigarros

Para eliminar o cheiro de cigarro e evitar que impregne o ambiente, deixe pequenos potes cheios de vinagre no local.

Para eliminar a sujeira e o cheiro de cigarro das cortinas, antes de lavá-las, deixe-as de molho em água quente (se o tecido permitir) com um pouco de vinagre branco. Depois, lave-as normalmente.

Cinzeiros

Para eliminar o cheiro dos cinzeiros, coloque algumas gotas de cera dentro deles.

Para lavá-los, utilize água e vinagre.

Forno

Para eliminar o mau cheiro do forno, coloque uma fôrma com água e uma casca de laranja para cozinhar por 15 minutos.

Para tirar o cheiro de queimado, coloque um pouco de sal no fundo do forno.

Frigideiras

Para eliminar o mau cheiro de frigideiras, ponha um pouco de borra de café e, em seguida, lave-as com água fervendo.

Frituras

Para eliminar o cheiro de fritura da cozinha, encha um copo de vinagre e coloque-o sobre a geladeira ou armário.

Para evitar que sua cozinha fique cheirando a fritura, ferva na água uma casca de laranja em fogo baixo.

Garrafas térmicas

Para eliminar o mau cheiro das garrafas térmicas, deixe-as de molho em uma solução de água quente com sal. Depois, é só enxaguar.

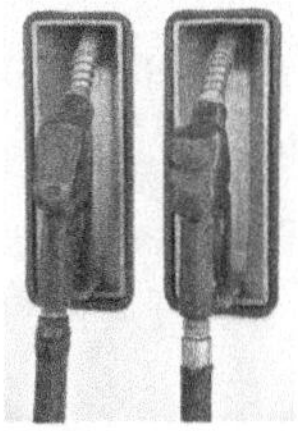

Gasolina

Para tirar o cheiro de gasolina das mãos, esfregue-as com sal grosso ou sal de cozinha umedecido em água. Em seguida, lave-as com água e sabão.

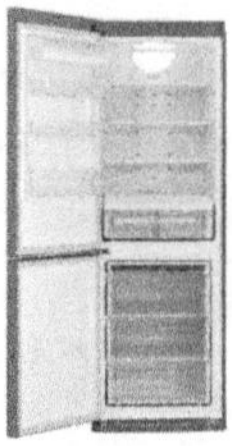

Geladeiras e freezers

Para eliminar o mau cheiro da geladeira, coloque dois copinhos descartáveis com bicarbonato de sódio (um na prateleira superior da porta da geladeira e outro na inferior). Deixe-os ali por 1 ano e, uma vez por semana, dê uma mexida no bicarbonato.

Para eliminar o cheiro forte da geladeira, deixe algumas folhas de louro dentro dela.

Gordura

Para eliminar o cheiro de gordura da casa, esquente em uma frigideira, e em fogo brando, um pouco de canela em pó.

Outra opção é deixar uma vela acesa durante um tempo.

Para tirar com facilidade o cheiro da gordura de porco das mãos, pegue um pouco de sal e esfregue uma mão na outra.

Latas

Para tirar o mau cheiro de uma lata, pingue algumas gotas de álcool, ponha no fogo e tampe a lata. Quando estiver fria, é só lavar.

Latas de lixo

Para reduzir o odor de latas de lixo, borrife bicarbonato de sódio cada vez que colocar mais lixo dentro dela.

Para prevenir o mau cheiro, lave as lixeiras periodicamente com uma solução de 1 xícara de bicarbonato de sódio para cada 3 litros e meio de água.

Leite regurgitado

Para acabar com o cheiro de leite regurgitado nas roupas, aplique uma pasta feita com bicarbonato de sódio e água.

Louças

Para eliminar o cheiro de cebola, queijo ou peixe das louças, lave-as com água quente e cascas de limão.

Mamadeiras

Para eliminar o cheiro forte de leite das mamadeiras, lave-as com água e 2 colheres de bicarbonato de sódio. Deixe-as de molho nessa solução durante a noite e, no dia seguinte, lave-as normalmente.

Micro-ondas

Para eliminar o mau cheiro do micro-ondas, junte 1 xícara de água e 2 fatias de limão num recipiente e aqueça por 2 minutos na potência alta. Quando o vapor assentar, limpe com um pano macio.

Outra sugestão: coloque um copo com água e vinagre e deixe que ferva durante alguns minutos.

Moedores de café

Se você usou o moedor de café para moer alguma outra especiaria, elimine quaisquer vestígios de odor e sabor moendo alguns pedaços de pão antes de utilizá-lo novamente.

Mofo

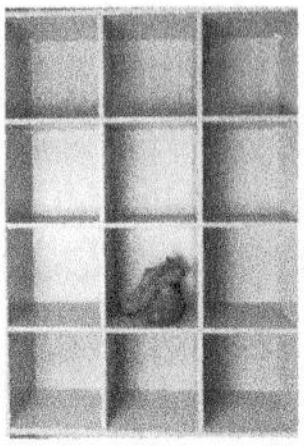

Para eliminar o cheiro de mofo do guarda-roupa, ferva um litro de vinagre, coloque-o numa vasilha sem tampa e deixe-o dentro do armário por 3 horas, com as portas fechadas. Depois, passe um pano molhado no vinagre por dentro e por fora do móvel e deixe-o aberto por várias horas, para que seque bem.

Ovo

Para tirar o cheiro de ovo das mãos, use casca de limão.

Panelas

Para tirar o cheiro de ranço de uma panela de barro, coloque um pouco de água com borra de café, deixe agir por algum tempo e depois lave-a normalmente.

Peixe

Para eliminar o cheiro de peixe das panelas, esfregue um pouco de borra de café e depois lave-as com sabão.

Para tirar o cheiro de peixe das mãos, lave-as com vinagre ou água e sal. Ou, com as mãos ainda úmidas, esfregue-as com um pouco de bicarbonato de sódio. Depois, é só enxaguar.

Para eliminar o cheiro de peixe da cozinha, coloque um pouco de vinagre para ferver numa panela.

Para eliminar o cheiro de peixe de uma churrasqueira, deixe a grelha sobre o fogo até que todos os restos se queimem. Em seguida, limpe-a com folhas de jornal e lave-a com água fria.

Para tirar o cheiro de peixe da frigideira, ferva um pouco de leite ou passe um pouco de limão.

Potes plásticos

Para eliminar o mau cheiro dos vasilhames plásticos, lave-os bem e, depois, coloque uma folha de jornal amassada em seu interior, deixe por uma noite e, na manhã seguinte, é só lavar.

Querosene

Para tirar o cheiro de querosene das mãos, esfregue-as com casca de laranja, limão ou borra de café e, em seguida, lave-as com sabão.

Roupas

Para evitar que as roupas lavadas com cloro ou água sanitária fiquem com o cheiro dos produtos, ao enxaguar, misture algumas pitadas de sal na água.

Sapatos

Para eliminar o mau cheiro dos sapatos, polvilhe seu interior com bicarbonato de sódio. Depois, é só passar um pano para retirar o pó.

Suor

Se suas roupas, mesmo depois de lavadas, ficarem impregnadas com cheiro de suor, pingue algumas gotas de limão numa panela com água e deixe ferver. Em seguida, tire a panela do fogo e coloque a roupa de molho nessa água por alguns minutos. Tome cuidado com os tecidos muito finos ou roupas cuja cor não seja muito firme.

Tábuas para alimentos

Para eliminar o cheiro das tábuas para alimentos, passe 1/2 limão nelas ou esfregue-as com bicarbonato de sódio.

Outra opção é lavá-las com água e sal.

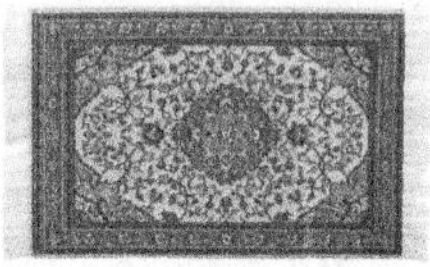

Tapetes

Para eliminar o mau cheiro dos tapetes, polvilhe-os com uma mistura composta por 3/4 de copo de bicarbonato de sódio, 2 colheres (sopa) de amido de milho e 1/4 de copo de talco perfumado. Deixe a mistura agir por 15 minutos e, então, passe o aspirador de pó.

Tinta

Para eliminar o cheiro de tinta de locais recém-pintados, coloque no ambiente uma vasilha com miolo de pão. Ou deixe no ambiente uma bacia cheia de água com algumas rodelas de cebola.

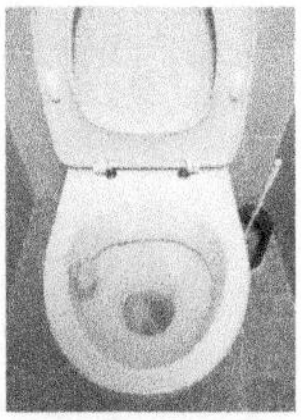

Vasos sanitários

Para eliminar o mau cheiro de vasos sanitários, jogue um pouco de bicarbonato de sódio na água.

Vassouras

Para eliminar o mau cheiro de vassouras, limpe o cabo com um pano molhado em álcool. Em geral, o cheiro desaparece, mas, caso persista, passe um pano com suco de limão.

Vegetais

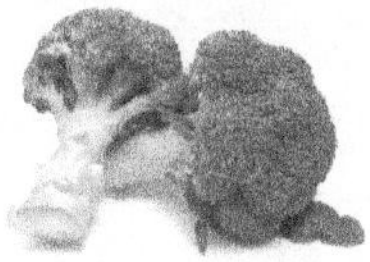

Para eliminar o cheiro desagradável de vegetais como couve, repolho e couve-flor no ambiente durante o cozimento, coloque um pedaço de rolha dentro da panela quando for cozinhá-los.

AROMAS

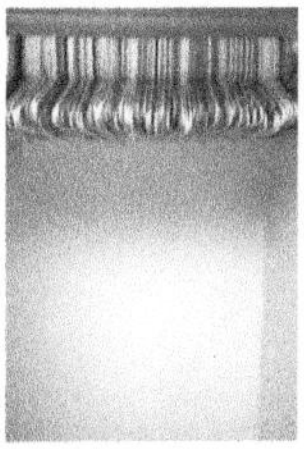

Armários

Para deixar o interior de seu guarda-roupa com um aroma agradável, finque alguns cravos cheirosos em uma laranja e deixe-a dentro do armário junto com as roupas.

Para aromatizar seus armários, deixe algumas cascas de maçã secarem ao sol por alguns dias e, quando elas estiverem bem secas, coloque-as num saquinho de pano e deixe-o dentro do armário.

Casa

Para deixar a casa perfumada, abuse de incensos, óleos essenciais e velas aromáticas.

Macere em vinagre branco ou de maçã algumas folhas de ervas aromáticas e deixe agir por pelo menos 15 dias. Quando quiser perfumar o ambiente, basta vaporizar esse líquido pela casa.

Para aromatizar os cômodos, vaporize um pouco de perfume ou colônia nas lâmpadas.

No retorno das férias, se a casa ficou fechada e sem arejar, deixe o ar circular por 2 ou 3 horas, com todas as portas e janelas abertas. Esquente num recipiente fundo um pouco de água de colônia. Se preferir, coloque em um recipiente água bem quente e pingue algumas gotas de essência de alfazema, que, além de purificar o ar, ainda afugenta moscas e mosquitos.

Cozinha

Para perfumar a cozinha, coloque álcool e cravo-da-índia num recipiente e deixe descansar por alguns dias. Depois, é só borrifar. Ou aproveite o calor do forno, depois de apagado, e coloque na placa algumas cascas de limão ou de laranja.

REMOÇÃO DE MANCHAS

Mármore

Para remover manchas de fruta ou de cola de superfícies de mármore, utilize um pano umedecido com água oxigenada de 130 volumes.

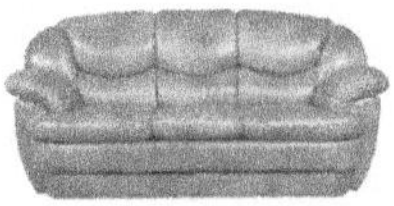

Móveis de couro

Para remover manchas de gordura das cadeiras ou tampo de mesas de couro, passe uma esponja molhada numa solução de 1 colher (sopa) de amoníaco e 1 colher (chá) de vinagre para 1/4 de água. Depois, com movimentos lentos, aplique um óleo apropriado. Finalize aplicando uma cera para restaurar o lustro.

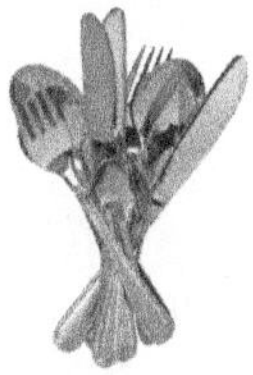

Talheres

Para remover manchas de ovo dos talheres, passe uma batata cozida.

ROUPAS

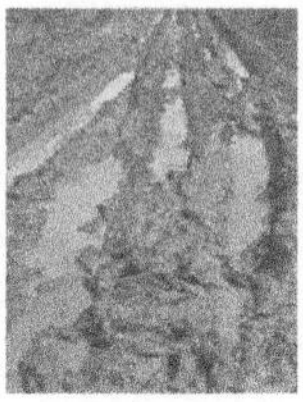

Barro

Para remover manchas de barro das roupas, espere a mancha secar e, depois, passe uma escova. Se houver resíduos, passe um pano com um pouco de álcool.

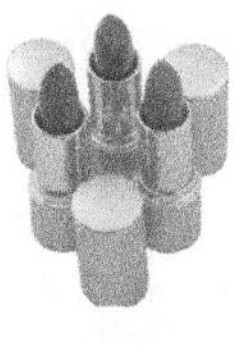

Batom

Para remover manchas de batom das roupas, esfregue-as com um pano umedecido em álcool 96°.

Café ou chá

Para eliminar manchas de chá ou de café de roupas, esfregue a mancha com um pano umedecido em água e álcool e, logo em seguida, lave com água e sabão.

Se preferir, passe um pano umedecido numa solução de água e vinagre em partes iguais.

Cera

Para remover pingos de cera de tecidos ou de madeira, coloque sobre eles uma folha de papel pardo ou mata-borrão e passe por cima um ferro de passar quente.

Para remover cera de vela de roupas, molhe imediatamente a área afetada com um pouco de água fervendo. Com o calor, a cera irá se dissolver rapidamente.

Chocolate

Para eliminar manchas de chocolate de um tecido escuro, primeiro raspe a mancha e depois retire o restante com amoníaco diluído.

Cintos de couro

Para eliminar o mofo de seus cintos, limpe-os com um pano úmido e deixe secar. Depois, passe uma graxa de calçados incolor para hidratar o couro. Para finalizar, se o couro for brilhante, passe uma flanela para lustrá-lo.
Nunca use álcool ou detergente na limpeza do couro, pois esses produtos podem danificá-lo.

Conhaque

Para remover manchar de conhaque das roupas, passe um pano umedecido em álcool. Se a mancha não sair, esquente um pouco de álcool em banho-maria e aplique.

Frutas

Para eliminar manchas de frutas de roupas, lave-as em água fervendo.

Gordura

Para remover manchas de gordura das roupas, coloque farinha de trigo ou talco sem perfume sobre a mancha, cubra com um papel absorvente e passe o ferro por cima do papel.

Para eliminar manchas de gordura de roupas de lã, lave-as numa solução de água com bastante sal e algumas gotas de amoníaco.

Para remover manchas de gordura de roupas de couro, cubra-as com um papel absorvente e passe um ferro de passar morno durante 3 minutos.

Para eliminar manchas de gordura de uma gravata, passe giz sobre elas, espere 2 ou 3 horas e escove suavemente.

Graxa

Para remover manchas de graxa de roupas, dissolva um pouco de sal em álcool ou em amoníaco e passe delicadamente sobre a mancha. Depois, lave com água e sabão.

Leite

Para remover manchas de leite de roupas, utilize amoníaco misturado com uma pitadinha de sal e enxágue com água.

Molho de tomate

Para eliminar manchas de molho de tomate das roupas, esfregue um pedaço de pano umedecido em água e amoníaco sobre as manchas.

Roupas brancas

Para eliminar o mofo de roupas brancas, deixe-as de molho em água sanitária.
Se preferir, lave-as normalmente e deixe-as ao sol por uma hora, ainda com sabão, para ajudar a clarear. Depois, é só enxaguar.

Roupas coloridas

Para remover o mofo de roupas coloridas, umedeça-as com suco de limão.

Outra sugestão, mergulhe a parte afetada em leite fervendo, até desaparecer o mofo. Em seguida, lave com água morna e vinagre branco. Você também pode fazer isso com toalhas.

Roupas de couro

Para eliminar manchas de roupas de couro, utilize a parte interna de uma casca de banana e depois engraxe o couro.

Para remover as manchas de uma roupa de couro marrom, utilize uma rolha empapada em álcool.

Roupas de seda ou de tecidos sintéticos

Lave as roupas com leite e enxágue com água, repetindo a operação, se necessário.

Para remover manchas de mofo que aparecem com pontinhos pretos, mergulhe as peças em água bem quente com sal e deixe-as de molho até que a água esfrie. Em seguida, leve ao sol e aplique sumo de limão e sal sobre as manchas, deixando a solução agir por algumas horas. Depois, lave as roupas normalmente.

Para remover o mofo avermelhado de roupas de seda e de tecido sintético, mergulhe-as em água com um punhado de fubá, leve ao fogo e deixe ferver por algum tempo. Depois, enxágue-as e leve-as ao sol para quarar um pouco. Por fim, enxágue novamente e deixe secar.

Sangue

Para remover manchas de sangue das roupas, esfregue o local com água fria salgada. Se persistir, utilize água oxigenada.

Para remover manchas de sangue das peças de roupa que não podem ser lavadas com sabão, cubra a mancha com uma pasta feita de amido e água. Depois que secar, escove.

Sapatos

Para retirar o piche de asfalto que ficou grudado no sapato, limpe-o com algumas gotas de aguarrás.

Suor

Para eliminar manchas de suor das roupas, lave o local com uma solução de amoníaco e álcool em partes iguais.

Outra sugestão: antes de lavar a roupa, jogue bastante sal sobre a mancha e deixe agir por alguns minutos. Depois, lave a peça normalmente.

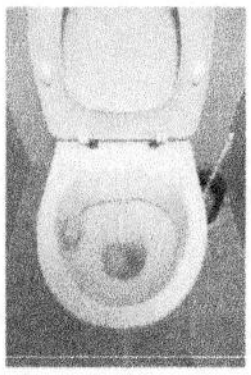

Urina

Para remover manchas de urina das roupas, umedeça a mancha com sumo de limão e polvilhe sal por cima. Em seguida, coloque a peça para secar ao sol.

TAPETES E CARPETES

Açúcar

Para eliminar manchas de açúcar de tapetes e carpetes, aplique água morna e enxugue com um pano limpo.

Balas e doces

Para eliminar manchas de balas e doces de tapetes e carpetes, aplique glicerina.
Se preferir, molhe a área afetada com água mineral com gás, repetindo a operação, se necessário. Depois, seque com um pano limpo.

Café

Para remover manchas de café de tapetes e carpetes, passe gelo e detergente e, em seguida, enxugue com tecido absorvente.

Caneta esferográfica

Para eliminar manchas de caneta esferográfica de tapetes e carpetes, aplique removedor com um pano branco (limpo e seco) dobrado. Depois de molhar o pano com o produto, pressione-o sobre a mancha, sem espalhar, para não aumentar a área afetada.

Ceras e polidores

Para eliminar manchas de ceras e polidores de tapetes e carpetes, aplique amoníaco diluído em água.

Chá

Para remover manchas de chá de tapetes de algodão branco, coloque sobre a mancha um pano embebido numa mistura de álcool e vinagre branco. Enxágue com água e detergente líquido suave.

Chiclete

Para eliminar manchas de chiclete de tapetes e carpetes, retire o máximo possível dos restos do chiclete e, depois, aplique gelo para congelar o material até que fique duro e se quebre.

Ou, com um pano, aplique álcool ou um pouco de aguarrás, tomando cuidado para não molhar muito e alastrar a mancha. Por fim, seque com papel absorvente.

Outra opção é aplicar amoníaco diluído em água.

Chocolate

Para remover manchas de chocolate de tapetes e carpetes, primeiro retire o máximo de chocolate utilizando uma espátula ou colher. Depois, misture 1/2 colher (sopa) de detergente numa xícara de água fria, aplique a solução sobre a mancha e deixe agir por 5 a 10 minutos. Por fim, enxágue com água morna. Repita a operação até remover o máximo de resíduos.

Outra opção é: misture 2 colheres (sopa) de amônia numa xícara de água. Aplique a solução sobre a mancha e deixe agir por no máximo 1 minuto. Seque todo o líquido com pano branco ou papel absorvente.

Se preferir, misture 1/3 de xícara de vinagre branco e 2/3 de xícara de água. Aplique a solução sobre a mancha e deixe agir por menos de 1 minuto. Absorva todo o líquido com pano ou papel absorvente.

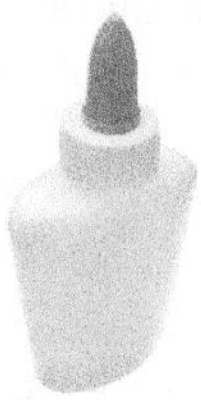

Cola

Para remover manchas de cola de tapetes e carpetes, tente amolecê-la colocando sobre ela um pano encharcado em vinagre. Enxugue com um pano limpo.

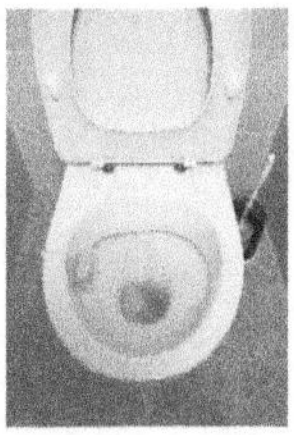

Fezes

Para remover manchas de fezes de tapetes e carpetes, primeiro remova as partes sólidas raspando suavemente com um espátula e papel absorvente. Lave a área afetada com 1 colher (chá) de vinagre, 1 colher (chá) de detergente e 1 copo de água morna. Deixe o carpete secar e, se a mancha persistir, repita a operação.

Frutas

Para remover manchas de frutas de tapetes e carpetes, esfregue a área afetada com um pano molhado em vinagre branco.

Giz de cera

Para eliminar manchas de giz de cera de tapetes e carpetes, aplique uma pequena quantidade de álcool e enxugue logo em seguida com um pano branco ou papel absorvente.

Ou misture 1/2 colher (chá) de detergente neutro e uma xícara de água morna. Aplique a solução sobre a área afetada, deixe agir por 6 a 12 minutos e enxágue com água morna. Por fim, retire todo o excesso com um pano branco ou toalha de papel absorvente. Repita a operação até remover todos os resíduos.

Gordura

Para eliminar manchas de gordura de tapetes e carpetes:

Misture 1 colher (sopa) de vinagre branco, 1 colher (sopa) de detergente líquido e 1 copo de água morna. Aplique a solução com uma toalha molhada com água e deixe secar. Repita o procedimento até eliminar a mancha completamente. Por fim, seque o tapete imediatamente, com o auxílio de um ventilador ou secador de cabelo.

Passe álcool, água e sabão e, em seguida, enxugue com tecido absorvente.

Aplique bicarbonato de sódio sobre a mancha, deixe descansar por 5 minutos e, em seguida, passe o aspirador de pó.

Graxa de sapato

Para eliminar manchas de graxa de sapato de tapetes e carpetes, aplique amoníaco diluído em água.

Ou tente amolecê-las colocando nelas um pano encharcado em vinagre. Depois, enxugue com um pano limpo.

Ketchup

Para eliminar manchas de ketchup de tapetes e carpetes, misture 1/2 colher de detergente e 1 xícara de água fria, coloque sobre a mancha e deixe agir por 5 a 10 minutos. Enxágue com água morna e repita a operação até retirar todos os resíduos.

Outra dica: misture 2 colheres (sopa) de amônia numa xícara de água. Coloque na mancha e deixe agir por no máximo 1 minuto. Por fim, retire todo o líquido com pano branco ou papel absorvente.

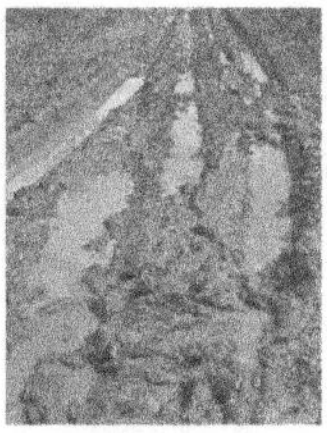

Lama

Para remover manchas de lama de tapetes e carpetes, aplique sabonete neutro, passe um pano com água morna e, depois, enxugue com um pano limpo.

Leite

Para eliminar manchas de leite de tapetes e carpetes, aplique água morna com sabão neutro e enxugue com um pano branco limpo.

Se preferir, passe glicerina e enxugue com tecido absorvente. Repita a operação, se necessário.

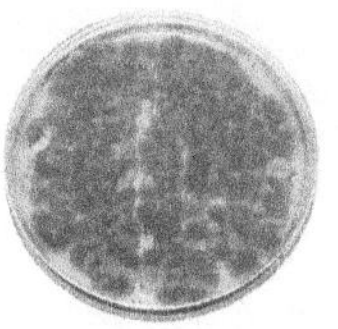

Mofo

Para remover manchas de mofo de tapetes e carpetes, esfregue a área afetada com um pano ligeiramente úmido.

Mostarda

Para eliminar manchas de mostarda de tapetes e carpetes, misture 1 colher (chá) de detergente e 1 xícara de água morna. Aplique pequenas quantidades da mistura com um pano absorvente, pressionando sobre a mancha. Repita a operação até remover todos os resíduos. Por fim, lave a área afetada com água e seque com um pano seco.

Ovo

Para remover manchas de ovo de tapetes e carpetes, aplique um pano encharcado com água e amoníaco sobre a área afetada e seque com um pano limpo.

Outra opção é aplicar xampu para carpetes diluído em água. Deixe secar completamente e, em seguida, esfregue delicadamente com uma toalha a área da mancha e em volta dela. Repita a operação, se necessário.

Tinta

Para remover manchas de tinta de tapetes e carpetes, primeiro seque a área afetada com um secador de cabelos. Em seguida, verifique se há alguma indicação do fabricante quanto à remoção de manchas. No caso de tintas acrílicas ou vinílicas, utilize algodão embebido em vinagre branco. Logo em seguida, passe com delicadeza uma escova pequena de cerdas metálicas.

OBJETOS PESSOAIS

Bolsas

Para limpar uma bolsa, sacuda-a de vez em quando, passe uma flanela. Escove e limpe seu interior com água misturada com amoníaco.

Para eliminar a umidade de bolsas e luvas, passe glicerina nelas.

Para sua bolsa ficar como nova, misture água, sabão e algumas gotas de amoníaco e aplique a solução na bolsa.

Para limpar bolsas de cor clara, limpe-as com aguarrás e, em seguida, passe um pouco de creme demaquilante.

Bolsas de couro

Se o couro de sua bolsa secar, passe uma flanela umedecida com suco de limão e, em seguida, aplique cera incolor.

Se sua bolsa estiver desbotada, passe um pano umedecido com álcool e depois engraxe-a.

Para proteger sua bolsa da ação da chuva, utilize cera incolor. Porém, se a bolsa já tiver molhado, espere que seque para depois engraxá-la. Se ela estiver manchada de água, passe um algodão umedecido em água com vinagre branco e, em seguida, outro algodão embebido apenas em água. Só a engraxe depois de seca.

Bolsas de verniz

Se sua bolsa de verniz molhou com a chuva, passe um algodão com leite e dê brilho com uma flanela.

CALÇADOS

Botas

Para conservar o formato das botas, coloque jornal amassado dentro delas.

Botas de borracha

Após usar suas botas de borracha, lave-as em água corrente e mergulhe-as durante algumas horas numa solução de água e amoníaco. Por fim, seque-as bem e polvilhe seu interior com talco.

Para evitar que as botas fiquem ressecadas, passe óleo de cozinha na parte exterior.

Para preservar a elasticidade de suas botas de borracha, esfregue-as, de tempos em tempos, com um pano embebido em leite morno.

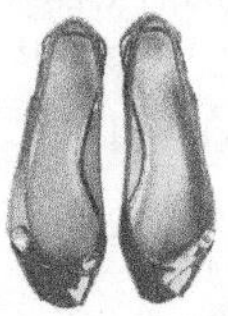

Sapatos

Para evitar que seu sapato solte tinta, unte seu interior com vaselina e deixe que o produto atue durante uma noite. Na manhã seguinte, passe um pano e remova toda a vaselina.

Para que seus sapatos não façam barulho, passe um pano umedecido em óleo de linhaça nas solas.

Para evitar que o sapato escorregue, passe uma lixa nas solas e, em seguida, aplique uma demão de borracha líquida.

Sapatos apertados

Para que os sapatos deixem de apertar seus pés, umedeça com álcool a parte interna deles e encha-os de jornal bem amassado e molhado com bastante álcool. Deixe-os em repouso por um dia. Depois, mesmo que os sapatos continuem úmidos, você deve calçá-los, pois isso fará com que se ajustem ao seu pé.

Outra dica: coloque os sapatos dentro de um saco plástico e deixe-os dentro da geladeira por alguns dias.

Sapatos brancos

Se você deseja que seus sapatos pareçam novos e não tem cera branca, limpe-os com claras de ovo batidas em neve.

Sapatos com brilho

Para dar mais brilho às áreas mais gastas de seus sapatos, passe uma camada de esmalte de unhas incolor.

Para recuperar o brilho de sapatos pretos e marrons, esfregue algumas gotas de suco de limão.

Sapatos de camurça

Caso seu sapato tenha adquirido brilho por causa do uso, exponha-ao por alguns minutos ao vapor de água fervente.

Sapatos de cetim

Para limpar sapatos de cetim, esfregue-os com uma flanela embebida em álcool e sabão comum.

Sapatos de couro

Para limpar seus sapatos de couro escuro, use um pano umedecido em leite. Depois, dê brilho com uma flanela.

Caso a chuva molhe seus sapatos, jamais seque-os perto do fogo, no sol, no forno quente ou atrás da geladeira. O ideal é enchê-los com jornal bem amassado, pois ele absorverá a umidade e evitará que os sapatos se deformem.

Compre um hidratante para couro e passe-o com algodão em todo o sapato. Deixe secar por 2 ou 3 dias antes de guardá-lo.

Para estrear seus sapatos de couro, prefira dias ensolarados e secos, pois quando vier a chuva, eles resistirão melhor à umidade.

Sapatos de verniz

Para limpar sapatos de verniz, primeiro tire bem o pó com um pano seco e passe um algodão umedecido em leite. Depois, é só dar brilho com uma flanela.

Para dar brilho, passe um pouco de vaselina.

Para conservar o brilho dos sapatos, passe sobre eles uma camurça ou flanela umedecida em lustra-móveis. Depois, passe uma flanela seca.

Para evitar o surgimento de rugas em sapatos de verniz, passe um pouco de óleo de rícino.

Tênis

Para que seus tênis de tecido durem mais, utilize um spray protetor de tecidos.

Para que os cadarços brancos recuperem sua cor, deixe-os de molho em água com sabão regularmente.

JOIAS E BIJUTERIAS

Âmbar

Para que colares, pingentes ou anéis de âmbar fiquem mais brilhantes, limpe-os com um pano com álcool. Para polir, utilize um pano macio.

Para saber se a peça é verdadeira, esfregue-a bem e cheire-a. Se o cheiro for forte e não muito agradável, não é âmbar.

Anéis

Para retirar do dedo um anel que não quer sair, coloque a mão na água fria ou passe um cubinho de gelo em volta do anel. Isso diminuirá o inchaço do dedo e o anel sairá facilmente.

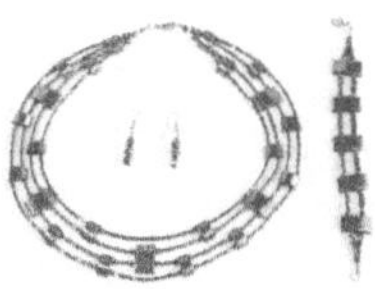

Bijuterias

Para limpar colares e braceletes de metal, utilize amoníaco. Depois, seque-os com uma flanela.

Para lavar bijuterias, utilize água e sabão, tomando cuidado para não afrouxar as pedras do engaste.

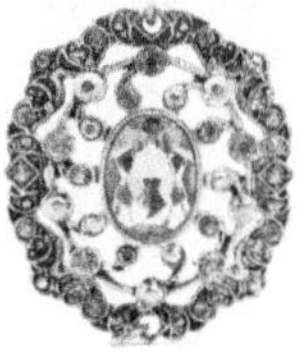

Broches

Antes de fechar a agulha de um broche, atravesse com ela um pedaço de borracha qualquer; assim, se ela se abrir, não deslizará.

Camafeus

Se o camafeu estiver muito sujo, coloque-o em água fervente com amoníaco (1 colher de sopa de amoníaco para cada 100 ml de água) em fogo brando por 10 minutos. Depois, passe uma escova de dente.

Coral

Para limpar suas peças de coral, mergulhe-as por 10 minutos em água salgada.

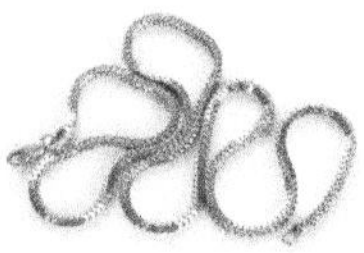

Correntes de ouro

Para desfazer os nós de uma corrente de ouro, coloque-a sobre uma superfície plástica e pingue algumas gotas de azeite. Em seguida, use um alfinete para desatar os nós.

Diamante

Para descobrir se um diamante é autêntico, mergulhe-o num recipiente com água. Se ele perder o brilho, é falso.

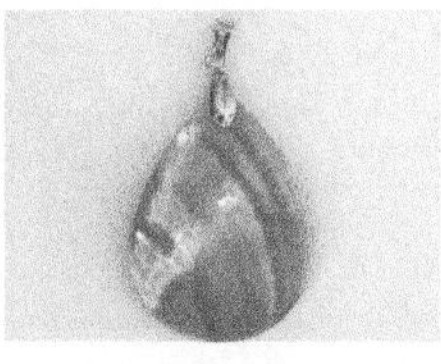

Madrepérola

Para remover manchas da madrepérola, passe azeite de oliva.

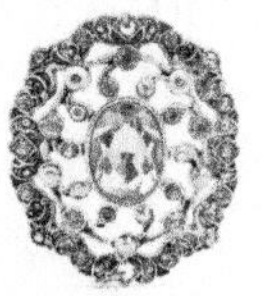

Marcassita

Para dar brilho às peças de marcassita, passe uma escova com creme dental. Em seguida, é só enxaguar e deixar secar.

Ouro

Para limpar joias de ouro, deixe-as de molho em água quente com detergente. Depois, enxágue e seque.

Para que as joias delicadas de ouro ou prata recobrem seu brilho, deixe-as por uma noite mergulhadas em álcool 90°. Na manhã seguinte, coloque-as para secar sobre a serragem.

Para que suas joias de ouro fiquem mais brilhantes, deixe-as por alguns minutos em água morna. Em seguida, lave-as e seque-as com um pano de algodão.

Porta-joias

Para evitar que porta-joias fiquem opacos por causa da umidade, mantenha uma bolinha de cânfora ou um pedaço de giz dentro deles.

Prata

Para que as joias de prata não percam o brilho nem fiquem pretas em seu estojo, coloque ao seu lado um pedacinho de cânfora.

Para conservar seus objetos de prata sempre brilhantes, passe esmalte de unhas.

Para evitar as manchas negras que às vezes as pulseiras e braceletes de prata deixam na pele, o melhor é mergulhar a joia por 5 minutos em água morna com 1 colher (sopa) de sabão para cada litro de água e um pouco de amoníaco. Depois, com a ajuda de uma escova de dentes, esfregue cuidadosamente a joia. Enxágue e seque com um pano limpo que não solte pelo.

OUTROS

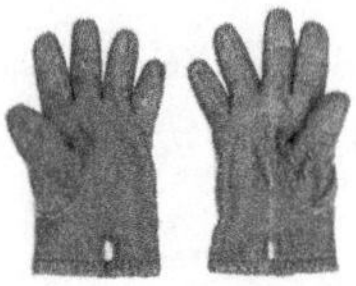

Luvas

Para lavar suas luvas de couro, use um xampu para cabelos e, depois, deixe secar na sombra.

Para que as luvas de camurça não percam sua flexibilidade, lave-as com água ligeiramente salgada.

Para conservar as luvas, se você não for mais usá-las, lave-as em água morna com um pouco de amoníaco e enxágue logo em seguida em uma solução de água e glicerina. Enxugue-as cuidadosamente e polvilhe-as por dentro e por fora com talco. Guarde-as embrulhadas em papel.

Malas

Se suas malas de tecido estiverem muito sujas, limpe-as com água e amoníaco, numa proporção de 5 colheres (sopa) de amoníaco para cada 5 litros de água.

ROUPAS

CUIDADOS

Para manter suas roupas limpas, secas e bem arejadas, exponha-as ao sol regularmente.

Antes de organizar suas roupas em prateleiras e armários, verifique se não existem manchas, falta de botões, costuras desfeitas e, principalmente, umidade nas peças.

Bolinhas

Para eliminar as bolinhas das roupas, enrole um pedaço de fita adesiva larga na mão, com a parte colante virada para fora, e pressione sobre as bolinhas.

Para retirar as bolinhas da malha nas regiões de atrito, passe levemente uma gilete sobre o tecido.

Calças

Para que suas calças fiquem bem dobradas e não amassem, segure-as pelas bocas das pernas, de cabeça para baixo, junte as duas costuras de uma perna e, depois, da outra, junte as pernas e dobre.

Camisas

Para que os punhos e colarinhos de suas camisas sujem menos, misture um pouco de água e amido e aplique essa solução na roupa. Para que o ferro não grude na peça, passe um pouco de sal nele e, logo em seguida, um pano.

Casacos

Para sujar menos as golas dos casacos, coloque um pano em cima delas antes de guardá-los.

Para evitar que as golas fiquem esbranquiçadas, passe um pouco de amoníaco com sal.

Chapéus

Para deixar seu chapéu de palha parecendo novo, escove-o com água e sal.

Cintos

Para aumentar a quantidade de furos de seus cintos, aqueça uma agulha na chama do fogão até ficar vermelha e faça os furos.

Para guardar os cintos, pendure-os em vez de enrolá-los.

Couro

Passe nas rachaduras de uma jaqueta de couro um pano com um pouco de creme para as mãos.

Sempre que possível, tire suas roupas de couro do guarda-roupa, passe um pano úmido e deixe secar à sombra.

Para dar brilho a uma peça de couro fino, passe o ferro interpondo um pano branco, que deve ser molhado constantemente.

Para guardar roupas de couro, não utilize sacos plásticos, pois o couro deve ficar guardado em lugares arejados, para evitar o aparecimento de mofo.

Para hidratar o couro, aplique cera incolor (líquida ou em pasta) por toda a peça e, depois, remova o excesso com uma flanela ou papel toalha.

Nunca guarde seu casaco de couro logo após o uso; coloque-o antes para arejar na sombra.

Para limpar suas peças de couro mais delicadas, esfregue-as com uma solução de água e amoníaco em partes iguais. Depois, seque-as bem e escove-as delicadamente com uma escova de cerdas metálicas.

Para escovar as roupas de camurça, o movimento deve ser contrário ao sentido em que estão os pelos.

Não pendure as roupas de couro, para que elas não fiquem com marcas de cabide.

Gravatas

Para aumentar a durabilidade das gravatas, guarde-as sempre sem nó.

Para proteger suas gravatas, utilize um produto antimanchas e, em seguida, passe um pouco de água mineral nelas.

Lingerie

Ao guardar sua lingerie, coloque sachês, sabonetes ou algodão embebido no seu perfume preferido nas gavetas.

Meias

Para que as meias brancas não amarelem ao ficarem guardadas na gaveta por muito tempo, enrole-as em um papel azul.

Meias-calças

Se estiver usando meia-calça, principalmente numa festa, leve na bolsa um vidro de esmalte incolor; se ocorrer algum acidente, passe imediatamente sobre a área desfiada, para evitar que o fio corra ainda mais.

Para que as meias-calças mais finas fiquem mais resistentes, antes de usá-las, molhe-as e coloque-as em um saquinho plástico. Deixe no congelador por algumas horas ou por uma noite. Retire, deixe descongelar e pendure para secar.

Para suas meias-calças durarem mais, antes de usá-las, lave-as em água com um pouco de açúcar.

Para recuperar a forma de suas meias-calças, mergulhe-as numa bacia de água morna com 3 colheres (sopa) de vinagre.

TECIDOS

Algodão

Para recuperar o brilho de roupas de algodão pretas, lave-as com uma solução de água e cerveja.

Para saber se um tecido é de algodão puro, pingue uma gota de azeite na peça. Se o local ficar transparente, o tecido não é 100% algodão.

Alpaca

Para que as peças de alpaca não percam seu pelo, depois de usá-las, coloque-as na geladeira por algumas horas.

Cetim

Para recobrar o brilho de peças de cetim, mergulhe-as numa bacia com água fria e 2 colheres (sopa) de açúcar. Deixe agir por 1 hora e, depois, enxágue com água fria.

Lã

Para que as roupas de lã que encolheram voltem ao tamanho normal, deixe-as de molho em água morna com um pouco de xampu.

Para que as peças de tricô e crochê não fiquem espichadas e com os ombros deformados, guarde-as sempre dobradas em vez de penduradas.

Para guardar as roupas de cashmere ou angorá, utilize sacos plásticos, mas antes verifique se estão secos, para que as peças não mofem.

Malhas

Para que as malhas brancas não fiquem amareladas, guarde-as envoltas em papel de seda azul-claro.

Ternos

Para melhorar a aparência de ternos escuros que tenham ficado lustrosos, corte em pequenos pedaços cerca de 20 folhas de louro e deixe-as por uma hora numa panela com 1/2 litro de água. Depois, esfregue essa solução ainda quente na roupa.

Toucas de natação

Para aumentar a durabilidade de suas toucas de natação, depois que sair da piscina, deixe-as secar e aplique um pouco de talco por fora e por dentro.

Zíper

Para lubrificar zíperes difíceis de abrir e fechar, esfregue sabão, uma ponta de lápis ou uma vela sobre seus dentes.

Unte os zíperes de suas peças de roupa com um pouco de vaselina depois de lavá-las.

LAVANDO ROUPAS

Antes de lavar peças muito sujas ou manchadas, utilize removedor de manchas de pré-lavagem, detergente líquido ou uma pasta feita de sabão em pó ou detergente com sabão em barra. Outra opção é deixar as peças previamente de molho.

Lave separadamente as roupas brancas e as coloridas.

Para evitar que as roupas percam o brilho das cores, nunca as deixe de molho por mais de 6 horas.

Sempre dê preferência a produtos neutros ou suaves.

Não deixe que a roupa permaneça suja por muito tempo antes de lavar, principalmente se estiver úmida.

Algodão

Ao lavar peças de algodão coloridas pela primeira vez, faça-o em separado.

Após lavar peças de algodão, retire o excesso de sabão em pó em água corrente, evitando que o tecido perca sua proteção natural.

Não utilize alvejantes à base de cloro.

Para evitar que as roupas encolham, lave-as sempre em água fria.

Bordados

Para lavar peças com bordados coloridos, use água e sabão branco e, na última água, junte um pouco de vinagre branco.

Para limpar um bordado dourado ou prateado, utilize miolo de pão quente e, logo em seguida, passe uma escova molhada em álcool sobre o bordado.

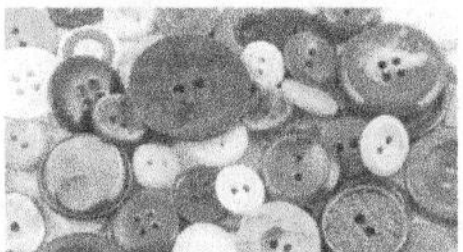

Botões

Para proteger botões de madrepérola, couro ou madeira, envolva-os em papel-alumínio antes de lavar a roupa. Se a roupa for muito fina e delicada, talvez seja melhor retirar os botões antes da lavagem.

Para que os botões de madeira não se estraguem, escove-os com um algodão molhado em azeite antes de lavar a roupa.

Para que os botões coloridos de madeira não percam a cor durante a lavagem, aplique esmalte de unhas incolor.

Se os botões de madrepérola escurecerem, limpe-os com uma solução de água fria e giz.

Casacos

Para limpar golas de casacos, utilize um algodão umedecido em produto de limpar tapeçaria.

Cashmere

Para que as peças de cashmere fiquem mais macias, mergulhe-as numa mistura de água quente e 1 colher (sopa) de bicarbonato.

Couro

Para lavar peças de couro muito sujas, utilize sabonete de glicerina ou sabão de coco. Depois, enxágue bem e deixe secar à sombra. Por fim, engraxe-as com cera ou graxa de sapato incolor ou da mesma cor do couro.

Para limpar as peças de couro, passe um pano com álcool e depois um pano seco.

Crochê e tricô

Peças de crochê e tricô devem ser lavadas somente à mão, em água morna com sabão em pó ou de coco e um pouco de amoníaco.

No caso de peças brancas, adicione, no último enxágue, 1 colher (sopa) de água oxigenada para cada litro de água.

Para conservar a cor natural das roupas de crochê de cor bege-clara, adicione, no último enxágue, um pouco de chá preto frio.

Para recobrar o tamanho normal de alguma peça de tricô que tenha encolhido, deixe-a de molho em água, sabão, 1 colher (sopa) de álcool, 1 colher (sopa) de terebintina e 3 colheres (sopa) de amoníaco. Depois é só enxaguar.

Ao lavar uma peça de lã pela primeira vez, pingue algumas gotas de azeite na última água do enxágue. Isso deixa as peças extremamente macias e evita que elas encolham.

Para que as peças permaneçam macias, lave-as em água morna e junte à água de enxágue 1 colher (sopa) de glicerina ou amoníaco.

Para lavar peças de lã delicadas, você pode utilizar xampu.

Não torça as peças, apenas esprema-as levemente.

Fibras sintéticas

Para que suas peças de fibras sintéticas não retenham o odor da transpiração mesmo depois de lavadas, deixe-as de molho, na hora do enxágue, numa solução de água com 1 colher (sopa) de bicarbonato de sódio.

Para reduzir a eletricidade estática dos tecidos sintéticos ou das cortinas, adicione, durante o enxágue, algumas gotas de vinagre.

Jeans

Para sua calça jeans não desbotar, coloque um punhado de sal na água da lavadora de roupas e lave-a normalmente.

Lavadora de roupas

Coloque as roupas na lavadora, seguindo as instruções indicadas nas etiquetas.

Selecione as peças de acordo com o tipo de tecido, a cor e o grau de sujeira.

Para lavar peças pequenas e delicadas, embrulhe-as numa fronha ou coloque-as dentro de sacos apropriados.

Para lavar sutiãs com armações metálicas, coloque-os dentro de uma fronha ou saco apropriado, evitando que o desprendimento danifique a máquina.

Roupas de lã e felpudas devem ser sempre lavadas separadamente.

Para lavar roupas de lã, utilize água fria.

Antes de colocar a roupa na lavadora, feche os botões de pressão e zíperes e costure os rasgos e furos dos tecidos.

Para evitar danos à lavadora e a suas peças, remova ganchos de cortinas e retire objetos de dentro dos bolsos.

Antes de colocar a roupa na lavadora, vire os bolsos do avesso, para tirar a sujeira.

Para lavar roupas estampadas ou totalmente coloridas, nunca utilize alvejante ou água sanitária.

Para evitar que suas roupas desbotem, coloque um pouco de sal ou vinagre na lavadora de roupas, durante a lavagem e o enxágue.

Caso caia muito sabão em pó na lavadora, coloque um pouco de sal, para reduzir a espuma.

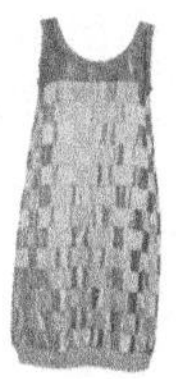

Lavagem a seco

Roupas de xantungue, tafetá, *chiffon*, brocado, *georgette*, organza e seda devem ser sempre lavadas a seco, preferencialmente em lavanderias.

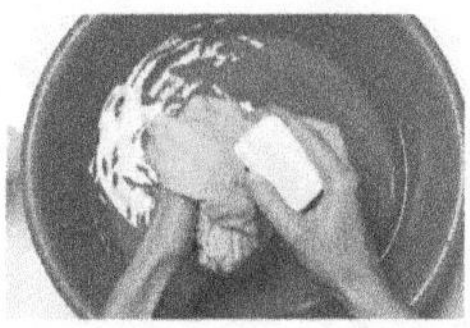

Lavando roupas à mão

Use luvas de borracha para proteger suas mãos.

Separe as roupas coloridas das brancas.

Ao lavar roupas à mão, primeiro misture o sabão na água, dentro de um balde ou bacia, até fazer espuma, e só depois mergulhe as peças.

Esfregue bem as áreas que geralmente acumulam mais sujeira, como golas, punhos, cavas e bainhas.

Evite usar escovas ou qualquer material que possa desgastar o tecido ou provocar o desbotamento das cores.

Ao lavar roupas coloridas, enxágue-as imediatamente, pois, se ficarem de molho, elas podem manchar.

Troque a água, esfregue novamente e enxágue quantas vezes forem necessárias.

Para lavar roupas estampadas à mão, utilize água e sabão de coco e enxágue-as logo em seguida.

Lingerie

Para que a lingerie não amarele, antes de lavá-la, mergulhe-a numa solução de água com bicarbonato de sódio.

Lave lingerie sempre à mão, utilizando sabão neutro e água fria. Depois, enxágue bem.

Nunca torça lingerie, apenas esprema-a levemente para tirar o excesso da água. Se preferir, enrole a peça numa toalha e aperte bem para apressar a secagem.

Linho

Para que as peças de linho não encolham ou fiquem amarrotadas, lave-as a seco ou à mão. Elas nunca devem ser lavadas a altas temperaturas nem centrifugadas.

Maiôs e biquínis

Após sair do mar, passe maiôs e biquínis em água corrente antes de colocá-los para secar.

Malhas

Lave malhas sempre à mão e com sabão neutro.

Para evitar que malhas 100% acrílicas encolham, jamais lave-as em água quente.

Ao lavar malhas, não as esfregue, apenas esprema-as delicadamente. Se necessário, repita todo o processo, mas antes troque a água suja por água limpa.

Meias

Para que suas meias fiquem brancas, junte ao sabão algumas colheres (chá) de fermento químico.

Meias-calças

Ao lavar meias-calças de náilon, não use água quente nem torça as peças. Após lavá-las, tire o excesso de água, enrole-as numa toalhinha felpuda e, depois, deixe secar em lugar fresco, porém nunca ao sol.

Para que as meias-calças de náilon se conservem mais, lave-as numa mistura de água e vinagre ou enxágue-as em água com um pouquinho de sal.

Paetês

Para lavar roupas bordadas com paetês, utilize água, detergente neutro e um pouco de álcool, que ajuda a eliminar a gordura e deixa o paetê mais brilhante.

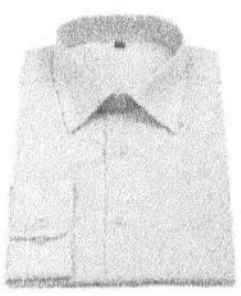

Punhos e colarinhos

Para lavar punhos e colarinhos encardidos, primeiro esfregue as partes manchadas com um pedaço de sabão de coco seco. Deixe agir por alguns minutos antes de lavar a camisa.

Para limpar colarinhos brancos que tenham ficado amarelados, utilize um pouco de água oxigenada.

Para que os colarinhos das camisas fiquem sempre limpos, passe um pouco de xampu e deixe de molho por alguns minutos, pois o xampu tira a gordura e facilita a lavagem. Depois, é só lavar normalmente.

Rendas

Para que as peças com aplicações de renda 100% algodão tenham maior durabilidade, nunca lave-as na lavadora de roupa.

Para lavar peças rendadas, utilize sabão neutro, e nunca sabão em pó.

Seda

Para saber se uma peça de seda vai desbotar durante a lavagem, faça o seguinte teste: umedeça a ponta da roupa em água fria e pressione-a sobre um tecido branco. Passe esse tecido com ferro morno e, se ele não apresentar resíduos de cor da seda, é sinal de que a peça não vai desbotar. Lave-a com água morna e sabão ou detergente neutro.

Para lavar uma peça de seda preta, mergulhe-a na água em que tiverem sido cozidas batatas.

Nunca lave roupas de seda na lavadora de roupa.

Tecidos de cores cítricas

Coloque uma pitada de sal na água para ajudar a manter as cores mais vivas.

Tecidos estampados

Para que os tecidos estampados não manchem nem percam a cor, adicione um punhado de sal e um pouco de vinagre branco à água do enxágue.

Tecidos felpudos

Para limpar tecidos felpudos, passe o aspirador de pó 1 vez por semana e escove a peça energicamente 1 vez a cada 3 meses, utilizando uma escova molhada numa solução de água quente, detergente e 1 colher (sopa) de amoníaco para cada litro de água. Seque em seguida.

Tecidos listrados ou estampados de fundo branco

Se o tecido desbotou quando foi colocado para secar, deve ser lavado novamente e enxaguado várias vezes, acrescentando-se, na última água, 3 colheres (sopa) de vinagre branco. Depois, aperte bem o tecido entre dois panos secos, deixe-o secar à sombra e, quando ainda estiver úmido, passe-o a ferro.

Tecidos pretos

Para que tecidos pretos não percam a cor nem encolham, após a lavagem, deixe-os de molho por alguns minutos em água com sal.

Veludo

Para limpar roupas de veludo, esfregue uma flanela molhada em água quente e amoníaco.

BRANCO MAIS BRANCO

Para que as roupas brancas fiquem bem claras, deixe-as de molho, durante 3 horas, no máximo, em água com sabão e 1 tampa de álcool.

Algodão

Para que peças brancas de algodão não amarelem, ferva-as em água com suco de limão.

Antes de lavar as peças, deixe-as de molho em água com um pouco de sabão em pó bem dissolvido.

Para tirar o amarelado, durante a lavagem, junte à água 1 colher (chá) de aguarrás e 2 colheres (sopa) de álcool.

Para recobrar o branco, coloque um saquinho com cascas de limão dentro da lavadora de roupas.

Lã

Para que suas roupas de lã brancas não amarelem, adicione à água com alvejante 1 colher (sopa) de amoníaco para cada litro de água.

Linho

Para lavar roupas de linho branco, utilize água quente com um pouco de bórax pulverizado e 1 colher (sopa) de essência de terebintina.

Lycra

Para evitar que suas roupas brancas de lycra amarelem depois de lavadas e enxaguadas, deixe-as de molho por pouco tempo em água com um pouco de bicarbonato.

Náilon

Para evitar que as peças brancas de náilon amarelem depois de lavadaa, é necessário deixá-las por alguns segundos de molho em água com um pouco de fermento em pó.

Seda

Para eliminar o amarelado da seda branca depois de lavada e enxaguada, mergulhe a peça numa bacia com 1/2 litro de leite por alguns minutos ou, no último enxágue, acrescente 1 colher (sopa) de água oxigenada 20 volumes para cada litro de água.

ENGOMANDO ROUPAS

Para engomar roupas, prepare um mingau com 2 litros de água e 2 colheres de polvilho doce. Mergulhe as peças nesse mingau e deixe escorrer no varal. Passe o ferro quente no tecido ainda úmido.

Se a água utilizada para engomar camisas colar a roupa na tábua, basta adicionar uma pitada de sal.

MANCHAS

Caso você tenha esquecido roupas claras e escuras dentro da lavadora de roupas, antes que as peças manchadas sequem, ferva-as rapidamente numa panela com água e sabão em pó.

TINGINDO ROUPAS

Para impedir que os tecidos tingidos desbotem, basta deixá-los de molho por algumas horas em água com bastante sal.

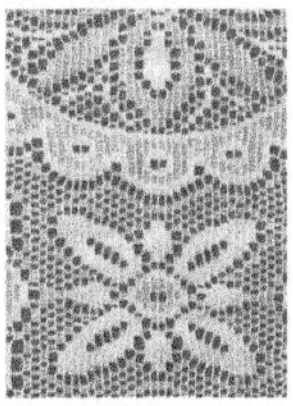

Rendas

Antes de tingir a renda, é aconselhável lavá-la para retirar qualquer resíduo deixado pelas máquinas quando de sua fabricação ou, ainda, a goma utilizada antes de passá-la. A bacia e a quantidade de água devem ser suficientes para que a renda não fique apertada, o que pode provocar manchas no tingimento. Todo o tingimento deve levar de 20 a 30 minutos sob fervura, mantendo o fogo ligado, para que o corante tenha tempo e temperatura para se alojar na fibra da renda. A dissolução deve ser benfeita, pois, se houver algum grão que não foi dissolvido, é possível que apareçam manchas. Após o processo de tingimento, a renda deve ser enxaguada em água abundante. Depois, é só mergulhar a peça no fixador e deixá-la secar à sombra.

SECANDO ROUPAS

Ao pendurar roupas no varal, separe as peças brancas das coloridas.

Para que suas roupas sequem mais rápido, estenda-as imediatamente e bem abertas no varal e nunca deixe uma peça sobre a outra, evitando a formação de cheiros e o surgimento de manchas.

Se você lavou suas roupas à mão e tem um quintal onde seja possível secá-las, não as torça, apenas pendure-as esticadas, com dois pregadores, para facilitar na hora de passar. No entanto, se você mora em apartamento, retire o excesso de água, apenas amassando-as, e pendure-as bem esticadas.

Ao utilizar a secadora de roupas, as peças de algodão/poliéster devem ser secas em temperatura morna e separadas das peças 100% algodão.

A secadora de roupas é recomendada para jeans, toalhas, roupas de cama e roupas pré-encolhidas.

Algodão

Para secar roupas brancas de algodão, estenda-as ao sol ou à sombra.

Para secar roupas coloridas de algodão, estenda-as sempre à sombra.

Lã

Para secar peças de lã, estenda-as sempre à sombra.

Para que suas roupas de lã sequem mais rápido, preencha suas mangas ou pernas com chumaços de papel, que irão absorver a água e evitar o encolhimento, conservando a peça aberta.

Lingerie

Seque lingerie sempre na sombra, pois o calor do sol pode tirar sua luminosidade; as rendas e a lycra deformam sob o sol ou em secadoras.

Lycra

Para secar peças de lycra, estenda-as sempre à sombra.

Malhas

Para que suas malhas não deformem, não as pendure, seque-as sempre sobre alguma superfície plana, à sombra.

Rendas

Para secar rendas, prefira a temperatura ambiente, evitando a secadora de roupas.

Seda

Para secar peças de seda, estenda-as sempre à sombra.

Tecidos coloridos

Para que as roupas coloridas e sintéticas não percam a cor, estenda-as sempre à sombra.

Veludo

Para secar peças de veludo e evitar que o pelo se levante e que surjam manchas, apenas sacuda-as, sem torcê-las.

PASSANDO ROUPAS

Nunca passe roupas que não estejam completamente limpas, pois o calor fixa qualquer sujeira, ficando difícil removê-la depois.

Para passar roupas muito amassadas, dê preferência ao ferro a vapor.

Comece pelas peças que exigem temperaturas baixas.

Ao borrifar roupas para passá-las, é melhor utilizar água quente em vez de fria, pois as peças se umedecem mais regularmente.

Para passar melhor as roupas, forre a tábua com papel-alumínio (dobrado) por baixo do tecido que você costuma utilizar para forrar a capa.

Algodão

Para passar peças de algodão, você pode utilizar o ferro quente.

Bordados

Para passar roupas com bordados ou aplicações, proteja-os com um pano.

Brilho

Para eliminar o brilho que o ferro deixa em roupas de tecido fino, exponha as peças ao vapor de água fervendo e, em seguida, escove-as bem, utilizando uma escova de pelos.

Camisas

Para que suas camisas fiquem bem passadas, comece pelo colarinho, deixando-o reto, sem dobrar, e depois passe os punhos, as mangas, a parte da frente, as costas e, por fim, dobre o colarinho.

Se você deseja que o colarinho de uma camisa fina de algodão fique mais bonito, bata uma clara de ovo, sem resquícios da gema, e misture-a com 1 litro de água. Coloque a camisa nessa solução, deixe escorrer e, com ela ainda úmida, passe o colarinho pelo avesso.

Crochê e tricô

Para passar peças de crochê e tricô que estiverem muito amassadas, exponha-as ao vapor do ferro e vá umedecendo o tecido, pressionando-o com a mão. Não deixe o ferro encostar na roupa, pois a chance de queimar é grande.

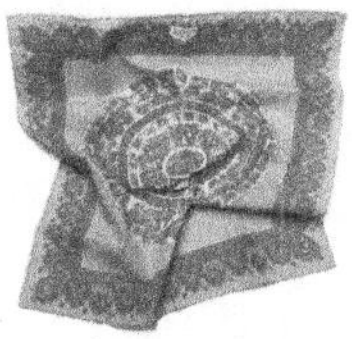

Fibras sintéticas

Passe peças de poliéster, náilon, acrílico e elastano sempre pelo avesso e sem vapor.

Gravatas

Antes de passar uma gravata, verifique se não há manchas, pois o calor do ferro poderá fixá-las e, assim, ficará mais difícil eliminá-las.

Linho

Para passar peças de linho, deixe o ferro bem quente.

Rendas

Para passar rendas, dê preferência ao ferro a vapor, pois ela ficará mais encorpada e com aspecto de engomada.

Roupa chamuscada

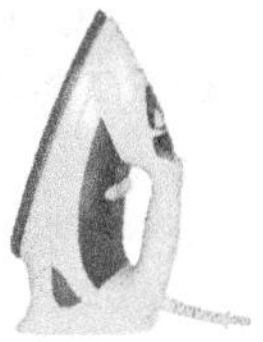

Se a roupa foi acidentalmente chamuscada com o ferro de passar, limpe-a com um pano umedecido com água oxigenada diluída em água.

Se preferir, umedeça a parte afetada com água boricada e enxágue em seguida.

Seda

As roupas de seda devem ser passadas, ainda úmidas, com o ferro morno e sem vapor.

COSTURA

Se você se picar quando estiver costurando e pingar sangue na peça, molhe-a com saliva e esfregue. Repita a operação até eliminar a mancha.

Para costurar mais facilmente peças de *chiffon* à máquina, costure junto uma folha de papel de seda, a qual, depois, pode ser retirada facilmente.

Para cerzir facilmente o dedo de uma luva, coloque um dedal dentro dele.

Agulhas

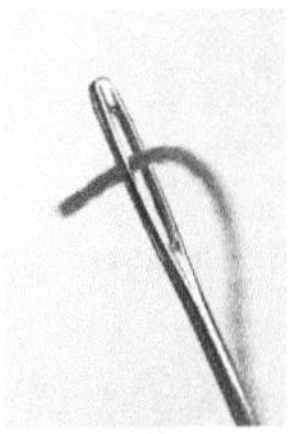

Para que as agulhas de costura recuperem sua ponta, passe-as várias vezes numa folha de lixa.

Bainhas

Para fazer uma bainha na máquina sem formar rugas, intercale uma tira de papel de seda entre os tecidos. Depois, é só puxar o papel para tirá-lo.

Para fazer a bainha numa calça ou saia, vista a peça e, com um barbante, meça a altura em que a bainha deve ser feita e marque o comprimento com uma risca de giz.

Para soltar uma bainha e eliminar sua marca, esfregue a área com um pano umedecido em um pouco de vinagre branco. Em seguida, passe a roupa com o ferro morno.

Botões

Se você passar esmalte de unhas na linha com a qual pretende costurar um botão, ele não se soltará facilmente.

Para cortar a linha que sobrou ao pregar um botão, segure-a com uma pinça, para não correr o risco de cortar o tecido.

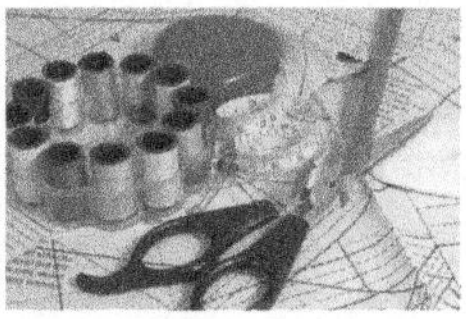

Caixas de costura

Uma caixa de costura deve ter: linha branca, linha preta, linha bege; linha de seda branca, preta e várias coloridas; agulha fina, média e grossa; um ovo de madeira ou de plástico para cerzir; alfinetes; uma fita métrica; uma tesoura grande e uma pequena; um dedal; alguns metros de elástico; botões de diversos tamanhos e cores; alguns colchetes e alguns botões de pressão.

Mantenha um pequeno ímã dentro de sua caixa de costuras. Assim, quando você perder uma agulha, será mais fácil localizá-la.

Couro

Para cortar o couro com mais facilidade, mergulhe-o na água.

Linha

Se você vai costurar uma roupa estampada, escolha uma linha com a cor predominante na estampa.

Tesouras

Para manter suas tesouras bem afiadas, corte com elas, de vez em quando, algumas folhas de lixa de papel.

Para afiar suas tesouras, passe-as diversas vezes no gargalo de uma garrafa de vidro, como se estivesse cortando a boca da garrafa.

Para eliminar a oxidação de suas tesouras, esfregue nelas uma cebola cortada.

CAMA, MESA E BANHO

Toalhas de banho, de rosto e de mão

Para que suas toalhas fiquem macias, depois de lavá-las, misture um pouco de vinagre à água do enxágue e não passe-as a ferro.

Para eliminar o cheiro de mofo das toalhas, ferva-as numa solução de bicarbonato de sódio e água – 2 colheres (café) para cada litro de água.

Ao lavar as toalhas, use uma quantidade mínima de amaciante ou evite o uso, pois esse produto reduz a capacidade de absorção dos tecidos.

Para que suas toalhas coloridas fiquem mais bonitas, junte um pouco de vinagre à água do último enxágue. No caso das toalhas brancas, substitua o vinagre por água oxigenada. Antes de guardá-las, deixe-as durante algum tempo fora do armário, para eliminar a umidade.

Para que suas toalhas fiquem mais macias, mergulhe-as em água com sal durante algumas horas antes da lavagem.

Toalhas de mesa e guardanapos

Antes de lavar toalhas de mesa e guardanapos, esfregue um pouco de glicerina nas manchas.

Para que as toalhas de mesa não apresentem dobras, guarde-as enroladas.

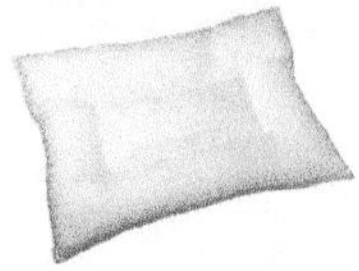

Travesseiros

Para lavar as penas de um travesseiro, é preciso mergulhá-las em água quente e sabão, sem esfregá-las. Repita o processo até que a água fique limpa. Por fim, esprema, seque à sombra e, depois, ao sol.

BELEZA

Banho

Se você costuma tomar mais de um banho por dia, ensaboe o corpo todo em apenas um deles. Nos outros, ensaboe somente as áreas de dobra de pele. Evite tomar banhos muito quentes, pois eles tiram a oleosidade natural da pele.

Para ficar com a pele macia e acetinada, misture um copo de amido de arroz à água da banheira.

Dentes

Para que seus dentes fiquem mais brancos, misture um pouco de bicarbonato de sódio ao creme dental.

Pele

Para que suas mãos fiquem claras e macias, esfregue-as com um pouco de borra de café.

Para que a pele do seu rosto fique mais suave e macia, adicione 1 colher (sopa) de bicarbonato de sódio à água com que vai lavar o rosto.

Se você cortar a pele do rosto acidentalmente ao se barbear, molhe um pedaço de casca de alho com água e deixe-o sobre o corte durante cerca de 5 minutos.

Unhas

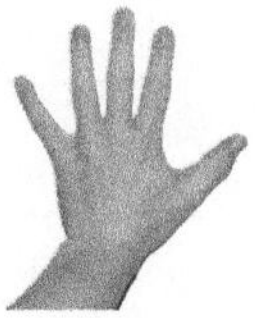

Para deixar suas unhas mais claras, passe uma lasca de limão nelas. Nunca faça isso antes de se expor ao sol.

Se você estiver com as mãos e as unhas muito sujas, coloque 200 g de bicarbonato de sódio numa esponja molhada em água, passe-a nas mãos e enxugue.

PRIMEIROS SOCORROS

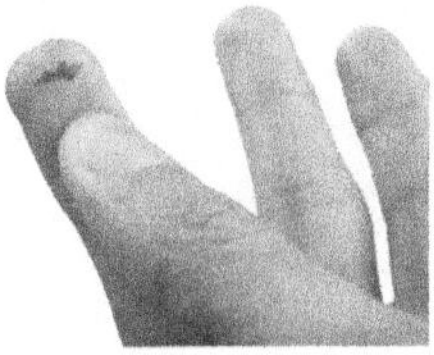

Cortes

Se você cortar o dedo e não houver esparadrapo disponível, estanque o sangue com uma fatia de batata recém-cortada.

Picadas de insetos

Se você foi picado por algum inseto, aplique sal umedecido preso fortemente por uma atadura.

Para eliminar a vermelhidão causada por picada de abelha, aplique um pouco de amônia.

Para aliviar o desconforto causado por picadas de mosquitos, corte uma cebola e aplique-a na área afetada.

Se você foi picado por uma vespa, corte um tomate pela metade e aplique na área afetada.

Queimaduras

Não utilize óleo em caso de queimadura, pois você pode contrair uma infecção.

Ao queimar a língua com algum alimento muito quente, beba água gelada. Em seguida, aplique um pouco de bicarbonato de sódio no local.

SUSTENTABILIDADE

CASA

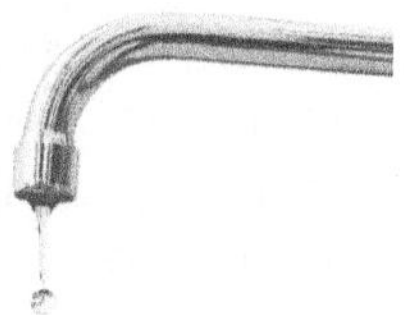

Água

Para evitar desperdício de água, conserte as torneiras que estão pingando. Cada uma delas pode perder mais de 40 litros de água por dia, ou seja, cerca de 1.200 litros por mês.

Ao lavar louças, comece limpando os restos de comida dos pratos, travessas e panelas jogando as sobras no lixo. Depois, abra a torneira para molhar os utensílios, feche-a e só então ensaboe-os. Em seguida, abra a torneira e enxágue tudo de uma vez. Nunca deixe a torneira aberta enquanto ensaboa. Outra opção é deixar de molho as louças com sujeira mais pesada, para que o gasto de água seja mínimo na hora do enxágue.

Para lavar o quintal, aproveite a água da lavagem da roupa. Substitua a mangueira por balde e vassoura; com a mangueira, perdem-se quase 300 litros de água em 15 minutos.

Lâmpadas

Para economizar energia, troque as lâmpadas comuns pelas fluorescentes, que economizam 80% de energia e têm maior durabilidade.

Lixo

Separe garrafas PET, latas de alumínio, papéis e outros materiais para reciclagem. Roupas, brinquedos e móveis também podem ser reciclados ou doados.

Se sua cidade ou bairro não conta com o serviço de coleta seletiva, leve o lixo até um posto de coleta. Existem vários estabelecimentos comerciais, como supermercados, que mantêm latões adequados.

Para produzir menos lixo, procure eliminar o desperdício e consumir somente o que for necessário.

Ventiladores e ar-condicionado

Para economizar energia, prefira o ventilador de teto ao ar-condicionado, pois assim, além de refrescar o ambiente, você gastará 90% menos energia. É possível também combinar o uso dos dois aparelhos, regulando o ar-condicionado para o mínimo e ligando o ventilador de teto.

Limpe ou troque regularmente os filtros de seu ar-condicionado, pois a sujeira do aparelho representa 158 quilos de gás carbônico a mais na atmosfera por ano.

Em seu local de trabalho, desligue o ar-condicionado uma hora antes de terminar o expediente. Num período de 8 horas, isso representa 12,5% de economia diária.

ÁREA DE SERVIÇO

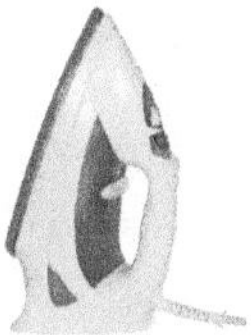

Ferro de passar roupas

Para economizar energia, procure passar a maior quantidade de roupas possível de uma única vez.

Lavadora de roupas

Procure utilizar sua lavadora de roupas no máximo três vezes por semana e sempre com a carga máxima. Caso realmente precise usá-la com metade da capacidade, selecione o modo de menor consumo de energia.

PRODUTOS DE LIMPEZA

Amaciante caseiro

Ingredientes

5 litros de água fria
1 litro de água quente (sem ferver)
2 colheres (sopa) de glicerina líquida
1 frasco de leite de rosas (ou água de rosas)
½ sabonete azul ralado

Preparo

Esquente bem 1 litro de água (sem ferver), desligue o fogo e junte o sabonete ralado. Tampe e deixe algumas horas para amolecer. Depois, leve ao fogo baixo, mexendo sempre, sem deixar ferver, durante 1 ou 2 minutos, para que o sabonete derreta totalmente. Despeje a mistura num balde e acrescente a glicerina, o leite de rosas e os 5 litros de água fria. Misture e engarrafe.

Detergente ecológico

Ingredientes

6 litros de água
1 pedaço de sabão de coco neutro ralado
2 limões
4 colheres (sopa) de amoníaco

Preparo

Derreta o sabão de coco em 1 litro de água. Depois, acrescente 5 litros de água fria. Em seguida, esprema os limões. Por último, despeje o amoníaco e misture bem. Essa receita rende 6 litros de detergente.

BANHEIRO

Banho

Para tomar banho, 5 minutos são suficientes (um banho de 15 minutos gasta cerca de 240 litros de água). Além disso, se não estiver frio, você pode desligar o chuveiro para se ensaboar e religá-lo em seguida para se enxaguar.

Quando o dia estiver quente, deixe seu chuveiro na posição "verão", que consome cerca de 40% menos energia do que a posição "inverno".

Escovando os dentes e fazendo a barba

Ao escovar os dentes ou fazer a barba, não mantenha a torneira aberta, assim você economiza cerca de 80 litros de água. Abra-a apenas para bochechar (se estiver escovando os dentes) ou enxaguar o rosto (no caso de estar fazendo a barba).

COZINHA

Alimentos

Procure, sempre que possível, comprar alimentos produzidos em sua região, pois, além de economizar combustível, você incentiva o crescimento de sua comunidade, bairro e cidade.

Compre alimentos frescos em vez de congelados. Comida congelada, além de mais cara, consome até dez vezes mais energia para ser produzida.

Ao cozinhar, dê preferência à panela de pressão, assim você pode economizar cerca de 70% de gás.

Embalagens

Separe as embalagens para a coleta especial – poter de vidro, de sorvete etc.

Ao fazer compras, utilize sacolas de pano, pois as sacolas plásticas descartáveis são um dos grandes inimigos do meio ambiente.

Sempre que possível, evite o uso de isopor, pois seu processo de fabricação agride a camada de ozônio. Além disso, o isopor leva cerca de 580 anos para se decompor na natureza.

Eletrodomésticos

Ao comprar eletrodomésticos, dê preferência àqueles que apresentem baixo consumo de energia. Procure por aparelhos com o selo do Procel (no caso dos nacionais) ou Energy Star (no caso dos importados).

Não deixe seus aparelhos em *stand-by*, pois essa função consome cerca de 15% a 40% da energia quando eles não estão em uso.

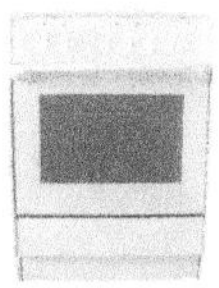

Fogões

Para evitar riscos e desperdícios, mantenha os bicos e queimadores de seu fogão sempre limpos. Procure também fazer uma revisão anual no fogão.

Ao comprar um fogão, procure o selo CONPET, que informa sua eficiência energética e segurança.

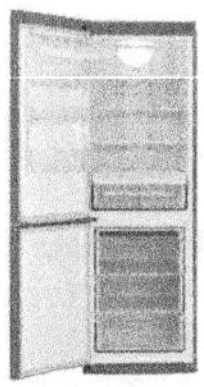

Geladeiras

Para economizar energia, substitua regularmente as borrachas da porta de sua geladeira.

Antes de cozinhar, tire da geladeira todos os ingredientes que for utilizar, assim você também economiza energia.

Não guarde alimentos quentes nem use a parte de trás da geladeira como secadora de roupas, pois isso faz com que o motor gaste mais energia.

Descongele geladeiras e freezers antigos a cada 15 ou 20 dias, pois o excesso de gelo reduz a circulação de ar frio no aparelho, fazendo com que ele gaste mais energia.

JARDIM

Plantas

Para molhar suas plantas sem desperdiçar água, utilize um regador em vez da mangueira.

Para que as plantas aproveitem melhor a água, regue o jardim pela manhã durante o inverno e à noite durante o verão.

ENERGIA

Sempre que possível, use iluminação natural.

Nunca deixe luzes e aparelhos ligados sem necessidade.

Para subir dois andares ou descer três, use a escada em vez do elevador.

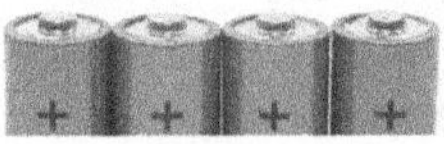

Pilhas

Dê preferência às pilhas recarregáveis, pois elas duram anos e podem ser recarregadas cerca de mil vezes.

INDICE DE ASSUNTO

MATRIX